Humankind

希望の歴史

人類が善き未来をつくるための18章

下

A Hopeful History

ルトガー・ブレグマン 著
野中香方子 訳

文藝春秋

Humankind
希望の歴史

人類が善き未来をつくるための18章
〈下巻〉

目次

Part 3　善人が悪人になる理由

【上巻目次】

Humankind
希望の歴史

人類が善き未来をつくるための18章

〈下巻〉

装丁　関口聖司

Part 3

善人が悪人になる理由

WHY GOOD PEOPLE TURN BAD

「わたしは、人間の行動を笑ったり、泣いたり、嫌ったりせず、理解しようと努めてきた」

バールーフ・スピノザ（1632-1677）

少し前にわたしは、二〇一三年に母国語であるオランダ語で綴った自著『進歩の歴史』を手に、腰を下ろした。それを読み返すのは苦痛だった。その本の中でわたしは、フィリップ・ジンバルドによるスタンフォード監獄「実験」を、何の非難もせず、善人が自発的に怪物《モンスター》に変わる証拠として取り上げた。明らかに、あの実験の何かがわたしの心を捉えたのだ。

わたしだけではない。第二次世界大戦後、ベニヤ説の変種がいくつも生まれ、それらを裏付ける証拠はますます堅牢になっていくように見えた。スタンレー・ミルグラムは電気ショック発生器を使ってそれを証明した。メディアは、キティ・ジェノヴィーズの死の後、ベニヤ説を大々的に伝えた。そしてウィリアム・ゴールディングとフィリップ・ジンバルドはベニヤ説に世界的名声をもたらした。こうして、トマス・ホッブズが三〇〇年前に主張したように、悪はすべての人間のすぐ内側でくすぶっていると考えられてきた。

しかし今、殺人事件と実験の書庫《アーカイブ》が開かれ、ベニヤ説が完全な間違いだったことがわかった。ジンバルドの監獄の看守は？　彼らは俳優のように演技をしていた。ミルグラムの電気ショック発生器の被験者は？　彼らは正しいことをしたかっただけだ。ではキティは？　彼女は近隣の人の腕に抱かれて亡くなった。

これらの人々のほとんどは、人助けしたかっただけのように見える。人助けできなかった人間がいるとすれば、それは科学者や編集長や、知事や刑務所長といった責任者だ。彼らは嘘をつき、操作した、怪物《レヴィアタン》だった。これらの権力者は自らのよこしまな願望から人々を守るどころか、全力を尽くして、人々を互いと敵対させたのだ。

このことはわたしたちを、人はなぜ邪悪なことをするのかという本質的な問いに引き戻す。フレンドリーな二足歩行のホモ・パピーはいかにして、監獄やガス室を作る唯一の種になったのだろう。

前章までで、人は善の仮面をつけた悪に誘惑されやすいことを学んだ。しかしこの発見は、別の疑問を生じさせる。歴史の流れのなかで、なぜ悪は、わたしたちを欺《あざむ》くことにこれほど熟達したのだろうか。どのようにして、わたしたちを互いに宣戦布告させるに至ったのだろうか。

第３章で紹介した我らが「子イヌの専門家」、ブライアン・ヘアの観察が、わたしの頭から離れない。彼はこう言った。「わたしたちを最も親切な種にしているメカニズムは、同時にわたしたちを地球上で最も残酷な種にしている」

これまで見てきたように、この発言は、人間の歴史のほとんどの期間に当てはまらない。わたしたちは常に残酷だったわけではない。何万年もの間、わたしたちは狩猟採集民として世界を放浪し、争うことはなかった。戦争はしなかったし、強制収容所を作ったりもしなかった。

しかし、ヘアの言葉に一理あるとしたらどうだろう。彼の観察は、人間の歴史の最後の五パーセント、つまり定住生活を始めてからの人間には当てはまるのではないか。戦争の考古学的証拠が、およそ一万年前にいきなり出現し、それが私有財産と農耕の始まりと同じ時期なのは、偶然のはずがない。もしかしたらこの時点で、人間は心と体にそぐわない生活へと進み始めたのではないだろうか。

進化心理学者はこれをミスマッチと呼ぶ。人間の身体と精神は、現代的な生活を送るための準備ができていない、という意味だ。最もよく知られる例は肥満である。狩猟採集民だった頃の人間は、贅肉がなく健康だったが、今日の世界では、飢えた人より肥満の人の方がよほど多い。わたしたちはいつも糖や脂質や塩を堪能し、体が必要とするよりはるかに多くのカロリーを摂取している。

なぜ、食べ続けるのか？　答えは簡単だ。ＤＮＡが、わたしたちは今なお密林を走り回っていると思っているからだ。旧石器時代には、たわわに実った果実を見つけたら、いつでもお腹いっぱい食べることが理にかなっていた。それはめったにない幸運で、体脂肪を余分に蓄えるのは自衛戦略だった。（注１）しかし今、安価なファストフードのあふれる世界で、余分な脂肪を蓄えるのは自己破壊的だ。

人類の歴史の暗部についても、同じことが言えるのだろうか。それらも、ひどいミスマッチの結果なのだろうか。このミスマッチは、現代のホモ・パピーがきわめて残忍な行為ができるようになった理由を説明するのだろうか。そうだとしたら、わたしたちの本質には、現代の「文明化した」生活と調和しない側面があるに違いない。何千年もの間、わたしたちを悩ませなかったのに、いきなり表面化した何らかの欠陥があるはずだ。

それは何だろう。

この先の三つの章で探究するのはこの疑問だ。第10章では、ドイツ人が第二次世界大戦の終結の瞬間まで精力的に戦い続けた理由を解明しようとした若いアメリカ人を取り上げる。第11章では、権力に伴う冷笑主義《シニシズム》についての心理学的研究に焦点を絞る。その後、究極の問いに取り組む。それは、人々がミスマッチを認識し、人間性について新しい現実的な見方をするようになったら、どのような社会を築けるか、という問いだ。

第10章　共感はいかにして人の目を塞ぐか

1　ナチスの心理の謎を解く

第二次世界大戦が勃発した時、モーリス・ジャノウィッツは二二歳だった。一年後、アメリカ陸軍から召集令状が届き、ついにモーリスも入隊することになった。ポーランド系ユダヤ人難民の息子である彼は、軍服を着てナチスを打倒するのが待ちきれなかった。（注1）

彼は長く社会科学に魅了されていた。そして今、クラスのトップの成績で大学を卒業してすぐ、自らの専門知識を大義に役立てるチャンスが訪れた。彼はヘルメットとライフルとともに戦場に送られる代わりに、ペンと紙とともに、ロンドンの心理戦部門に配属されたのである。

彼は、コヴェントト・ガーデン近くの本部で働く数十人のトップ・サイエンティストに仲間入りした。彼らの多くは後に、社会学と心理学の分野で輝かしいキャリアを刻むことになる。しかし今は、抽象的な理論を組み立てる時ではなかった。科学にも行動が求められた。するべき仕事があり、一刻も無駄にできなかった。

頭のいい物理学者がアメリカ南西部のロスアラモスで最初の原子爆弾を作り、優秀な数学者がイギリスの農村地帯ブレッチリー・パークでドイツのエニグマ暗号を解読していた頃、モーリスと同僚は、最も難しい仕事に取り組んでいた。

その仕事とは、ナチスの心理の謎を解くことだ。

一九四四年の初め、科学者たちを悩ませる一つの謎があった。それは、ドイツ兵はなぜ懸命に戦い続けるのか、なぜ敗北を認めて降参しようとしないのか、というものだ。

戦場を調べた人に言わせれば、この戦いの結果はすでにはっきりしていた。ドイツ軍は、東のロシア軍と西の英米の連合軍にはさまれており、数の上でも圧倒されていた。戦場で戦うドイツ兵は、形勢がどれほど不利なのか、わかっていないのだろうか、と連合軍はいぶかった。それほどまでに彼らは洗脳されているのだろうか。ドイツ兵が死ぬまで戦い続ける理由が、他にあるだろうか。

戦争が始まった頃から、多くの心理学者は、軍隊の戦闘能力を決める上で、ある要素が他の要素より際立っていると固く信じていた。それはイデオロギーだ。たとえば愛国心や、自分が選んだ政党への忠誠心である。歴史を振り返っても、「自分たちは正しい側にいて、自分たちの世界観は正当だ」と確信する兵士たちは、最もよく戦った。

多くの専門家は、基本的にドイツ兵は取り憑かれている、と考えていた。だからこそ脱走率がゼロに近く、アメリカやイギリスの兵士より懸命に戦うのだ、と。実のところ、戦後の歴史家の計算によると、ドイツ国防軍の兵士は、懸命に戦ったせいで、連合軍の兵士に比べて負傷者が五〇パーセントも多かった。（注2）

ドイツ兵はほぼすべてにおいて優れていた。攻撃も防御も、空軍の支援があってもなくても、よく戦った。後に英国の歴史家はこう語った。「否定し難い真実は、ヒトラーのドイツ国防軍は、第二次世界大戦における傑出した脅威であり、歴史上最も偉大な軍隊の一つであったことだ（注3）」

そしてこのドイツ国防軍の士気こそが、連合国が崩さなければならないものだった。モーリスらのチームは、大規模な作戦が必要だと考えた。そして、彼らの勧めにしたがって、数千万枚の宣伝ビラが敵の領土にばらまかれた。連合軍のノルマンディ上陸以来その地に駐留していたドイツ兵の九〇パーセントにビラは届いた。ビラが繰り返し語ったメッセージは、ドイツの立場は絶望的で、ナチスの思想は卑劣であり、連合国の大義は正しい、というものだった。

この作戦は効果があったのだろうか。モーリスにはわからなかった。デスクの前に座ったままでは、ビラの効果を知る機会はほとんどなかった。そこで、彼と同僚のエドワード・シルズは、詳細な調査を行うことにした。二、三か月後、モーリスは解放されたパリに向かった。数百人のドイツ人捕虜と面談するためだ。面談を進めるうちに、真実が見えてきた。

モーリスらは完全に誤解していた。

モーリスは数週間にわたって、ドイツ人捕虜と次々に面談した。そして耳にしたのは似たような言葉ばかりだった。それはナチのイデオロギーではなかった。また彼らは、ドイツは勝てるという幻想を抱いていなかった。洗脳されてもいなかった。ドイツ軍の人間ばなれした戦闘を可能にしたのは、もっと単純なものだった。

Kameradschaft

友情である。

モーリスが面談した何百人ものドイツ人、かつてはパン屋や肉屋、教師や仕立て屋で、軍に入ってからは連合軍の前進を懸命に阻んだ彼らが、武器を捨てようとしなかったのは、互いのためだった。つまり彼らが戦い続けたのは、ナチスの基本思想である「千年帝国」や「血と土」のためではなく、戦友を救うためだったのだ。

「ナチズムは、前線の一〇マイル後ろから始まる」と、あるドイツ人捕虜は言った。すなわち、すべての地下壕や塹壕で仲間意識が生まれたのだ。(注4) 後の歴史家が見出したように、ドイツ軍の司令官らはそれを利用した。(注5) ナチの将校は、兵士を団結させるために労を惜しまなかった。部隊に新兵が入ると、いったん全部隊を退却させ、十分友情を育ませた後に、全員を戦場に放り込むといったことまでした。

わたしたちにとって、ドイツ国防軍における友情の強さを想像するのは、容易なことではない。なぜなら、何十年にもわたって、連合国の勇気とドイツ軍の狂気を描いたハリウッド映画に浸ってきたからだ。連合軍の若い兵士は互いのために命を捨てただろうか。もちろん！　彼らは兄弟のような絆を深めただろうか。当然だ！　しかしドイツ兵について、同じことを想像できるだろうか。ましてや、ドイツ兵が連合軍の兵士より深い友情を築いたとか、ドイツの軍隊が優れていたのは友情のためだったといったことを、信じられるだろうか。

真実の中には、受け入れがたいものもある。あのような極悪人たちが、人間の善性によって動機づけられたりするだろうか。勇気と忠誠心、献身と団結によって煽り立てられたりするだろうか。

しかし、それこそがモーリス・ジャノヴィッツが出した結論だった。

こうして心理戦部門の研究者たちは、プロパガンダ作戦が実質的に何の影響も及ぼさなかった理由を理解した。敵陣に撒いた数百万枚のビラの効果について、モーリスとシルズは次のように記した。「ドイツのイデオロギーを攻撃するために多大な努力が費やされたが、面談した捕虜の中でイデオロギーに言及したのは、わずか五パーセントだった」(注6)

実のところドイツ人捕虜の大半は、ビラが国家社会主義を批判したことさえ覚えていなかった。研究者たちが、あるドイツ人軍曹に政治的見解を訊ねたところ、彼は笑い出した。「そんなことを聞くようでは、何が兵士を戦う気にさせるのか、きみらはまったくわかっていないな」(注7)

戦術と訓練とイデオロギーが軍隊にとって重要であることを、モーリスと同僚たちは確認した。しかし最終的に軍隊の強靭さを決めるのは、兵士間の友情の強さだ。友情は、戦争に勝つための武器なのだ。

この調査結果は戦後まもなく発表され、その後、多くの研究が同じ結論に至った。だが、決定的な論拠が見つかったのは二〇〇一年のことだ。米国のシークレットサービスが盗聴した四〇〇〇人ほどのドイツ人捕虜の会話の筆記録を、歴史家たちが発見した。一五万ページにおよぶその筆記録は、ワシントンD.C.郊外のフォート・ハント捕虜収容所に収監された元ドイツ兵の会話をタイプ打ちしたものであり、ドイツ国防軍の普通の兵士の生活と心を覗き見る、前例のない窓を開けた。

この筆記録によって明らかになったのは、ドイツ人がきわめて「軍人らしい気質」を備え、忠誠心や仲間意識や自己犠牲といった特質を、高く評価していたことだ。一方で、ユダヤ人排斥《はいせき》感情やイデオロギーの純粋さは、小さな役割しか果たさなかった。あるドイツ人歴史家は次のように記している。「フォート・ハントの盗聴記録によると、イデオロギーは、ドイツ国防軍のほとんどのメンバーの意識において従属的な役割を果たしたにすぎない（注8）」

同じことが、第二次世界大戦で戦ったアメリカ人についても言える。一九四九年に社会学者のチームが、アメリカの退役軍人、約五〇万人を対象とする大規模な調査の結果を発表した。その調査は、彼らを動機づけたのが理想やイデオロギーではなかったことを明らかにした。イギリスの兵士が民主主義のルールに力づけられなかったのと同様に、アメリカの兵士は、愛国精神ゆえに奮いたったのではなかった。彼らが戦ったのは、国のためというより、仲間のためだった（注9）。

こうした結束は非常に強く、奇妙な反応を引き起こすこともあった。兵士は、昇級が、異なる部門への配置換えを伴う場合、それを断わった。怪我をしたり病気になったりしても、新人に自分の地位を奪われたくなかったので、休暇を拒否した。前線に戻るために野戦病院を抜け出す兵士さえいた。

ある社会学者は驚いて記している。「兵士が、仲間を見捨てることを恐れて、自分のためにならない行動をとった事例に、わたしたちは何度も遭遇した（注10）」

2 史上最悪の虐殺へ駆り立てたのは友情だった

この考えをわたしが理解するまでには長くかかった。

オランダで育った一〇代の頃、わたしは第二次世界大戦を、「ロード・オブ・ザ・リング」の二十世紀版、つまり、勇敢なヒーローと邪悪な悪党とのスリリングな戦いとして思い描いていた。しかしモーリス・ジャノヴィッツが明らかにしたのは、異なる状況だった。彼が発見した悪の起源は、堕落した悪人のサディスティックな性癖ではなく、勇敢な兵士の団結だった。第二次世界大戦は勇壮《ヒーロイック》な戦いであり、友情と忠誠心と団結、すなわち人間の最善の性質が、何百万という普通の男たちを、史上最悪の虐殺へと駆り立てたのだ。

心理学者ロイ・バウマイスターは、敵は悪意に満ちたサディストだという誤った思い込みを「純粋悪という神話」と呼ぶ。実のところ、敵はわたしたちと何も変わらないのである。

これは、テロリストにさえ当てはまる。
彼らもわたしたちと同じだと専門家は強調する。もちろん、自爆テロ犯は極悪人に違いないと、わたしたちは思いたくなる。彼らは心理的にも生理学的にも神経学的にも崩壊しきっている。彼らは精神病質者（サイコパス）にちがいない。学校に行ったことがないか、絶望的な貧困の中で育ったか、平均的な人間とは大いに異なる何らかの理由があるはずだ、と。
そうではない、と社会学者たちは言う。これらの勤勉なデータ科学者たちは、何マイル分ものエクセルシートを、自爆した人々の性格特徴で埋めたが、結局、「平均的なテロリスト」などいない、と結論せざるを得なかった。テロリストの特徴は、高等教育からほぼ無教育まで、富裕層から極貧まで、思慮深さから愚かさまで、信仰心から無神論まで、きわめて幅広かった。精神疾患者はほとんどおらず、幼い頃にトラウマを負った者もまれだった。テロ行為の後、メディアのインタビューを受けた近隣の住人や知人や友人が、自爆テロ犯は「フレンドリーだった」とか「感じのいい人だった」と答え、驚きを見せることは珍しくない。[注11]
もしテロリストに共通して見られる特徴が一つあるとすれば、それは影響されやすいことだと専門家は見ている。彼らは他人の意見に影響されやすい。権威に影響されやすい。家族や友だちに、正しいことをしていると見られたいし、そう思われることを行いたい。[注12]「テロリストは大義のためだけに人を殺したり死んだりするわけではない」とあるアメリカの人類学者は記している。「彼らは互いのために、人を殺し、自ら死ぬのだ」[注13]
さらに言えば、テロリストは、自分一人でではなく、友だちや恋人と共に、過激化する。テロリストの小集団の大半は、文字通り「バンド・オブ・ブラザーズ（絆で結ばれた兄弟）」だ。二〇〇一年の世界貿易センタービル攻撃には、四組以上の兄弟が関与し、二〇一三年ボストンマラソンの爆破犯は兄弟で、また、二〇一五年にパリのバタクラン劇場を襲撃したサラとブラヒム・アブデスラムも兄弟だった。(注14)
テロリストが仲間と共に行動するのは、不思議なことではない。残忍な暴力を振るうのは恐ろしいことだからだ。政治家はテロを「臆病な行為」と呼ぶが、実際には、命がけで戦うには強靭な神経と決意が求められる。スペインのテロ専門家はこう指摘する。「信頼し愛する人と一緒なら、恐怖を乗り越えられる」(注15)
テロが起きると、メディアは主に、その攻撃を煽ったと思われる病的なイデオロギーに焦点を当てる。もちろん、イデオロギーは重要だ。イデオロギーはナチス・ドイツにとっても重要だった。また、若い頃に急進的なイスラム主義の本を貪るように読んだ、アルカイダやイスラム国（ＩＳ）の指導者にとっても重要だった（例えばウサマ・ビン・ラディンは読書家として知られた(注16)）。
しかし調査によると、こうした組織の歩兵にとって、イデオロギーが果たす役割はごくわずかだ。たとえば二〇一三年と二〇一四年にシリアに向かった数千人のジハーディスト（聖戦主義者）を見てみよう。彼らの四分の三は、知り合いや友だちに勧誘されてジハードに加わった。漏洩したＩＳの意識調査によると、ジハーディストの大半はイスラム教についてほとんど何も知らなかった。(注17) ほんの少数は、感心なことに、出発前に『The Koran for Dummies』（超初心者向けコーラン）を購入した。彼らにとって「宗教は後づけの理由にすぎない」とＣＩＡの関係者は言う。(注18)

わたしたちが理解しなければならないのは、こうしたテロリストの大多数は、熱狂的イスラム教徒ではなかったということだ。彼らは互いの親友だった。一緒になると、より大きなものの一部になったように感じた。自分の人生に意味が生まれるように思えた。壮大な物語の著者になったような気がした。

だからと言って彼らの犯罪が許されるわけではない。これはなぜ彼らがテロリストになったか、という説明にすぎない。

3　幼児と道徳観——ベビー・ラボの実験

スタンレー・ミルグラムが一九六二年に電気ショック実験を行った大学に、一九九〇年秋、新しい研究センターが誕生した。イェール大学・乳児知覚センター、別名、ベビー・ラボである。そこではきわめて刺激的な研究がいくつか行われている。そこで調べている問題のルーツは、ホッブズとルソーに遡る。人間性とは何か？　教育の役割とは何か？　人は本質的に善なのか悪なのか？

二〇〇七年にベビー・ラボの研究者カイリー・ハムリンは、革新的な研究成果を発表した。彼女のチームは、幼児が生来、道徳心を備えていることを実証したのだ。生後六か月の乳児でも、善悪を見分けられるだけでなく、悪より善を好んだ。(注19)

おそらく皆さんは、ハムリンはどうやってそれを確かめたのかと不思議に思うだろう。結局のところ、赤ん坊は独力ではたいしたことはできない。ハツカネズミは迷路を走り回ることができるが、赤ん坊はどうだろう。しかし、赤ん坊にもできることが一つある。それは何かを見ることだ。そこでハムリンたちは、幼い被験者（六か月児と一〇か月児）に人形劇を見せた。その劇には、親切な人形と、意地悪な人形が出演した。乳児はどちらの人形をほしがっただろう。

皆さんは、乳児は親切な人形を選ぶ、と予想するだろう。「これは、あいまいな統計上の傾向ではない」と、研究者の一人は記している。「ほぼすべての乳児が、親切な人形に手を伸ばした」[注20]。乳児が世界をどう見ているかについては、何世紀にもわたって考察されてきたが、ここに人間は生まれながらに道徳性を備えており、ホモ・パピーは白紙状態《タブラ・ラサ》ではないことを示唆する堅牢な証拠が見つかったのだ。わたしたちは生まれながら善を好む。それがわたしたちの本質なのだ。

しかしわたしは、赤ん坊の研究について詳しく調べるにつれて、そうそう楽観はできない、と思うようになった。

問題は、人間の本性には別の側面があることだ。この最初の実験の二年後、ハムリンのチームはそれに少々ひねりを加えた実験を行った[注21]。今回、彼らは乳児にグラハムクラッカーとインゲン豆の好きな人形を選ばせた。その後、乳児にグラハムクラッカーが好きな人形とインゲン豆の好きな人形を見せ、今回も、どちらの人形を選ぶかを観察した。

驚くほどのことではないが、大多数は、自分と同じ嗜好を持つ人形を選んだ。しかし、驚くべきは、この好みが、親切な人形か意地悪な人形かの好みより優先されたことだ。ハムリンの同僚は次のように述べた。「何度も目の当たりにしたのは、乳児は、親切だが自分と好みが違う人形より、意地悪でも自分と同じ好みの人形を選ぶということです」(注22)

あなたは憂鬱な気分になったのではないだろうか。

人間はしゃべれないうちから、馴染みのないものを嫌うらしい。ベビー・ラボの研究者たちは、その後も実験を重ね、赤ん坊が馴染みのない顔、知らない匂い、外国語や聞き慣れないアクセントを好まないことを実証した。まるで、わたしたちは生まれながらにして外国人恐怖症であるかのようだ。(注23)

わたしは考え始めた。これはわたしたちの致命的なミスマッチの症状なのだろうか。馴染みのあるものを好む本能は、人間の歴史の大半を通じて特に問題ではなかったが、文明の興隆とともに、厄介なものになったのかもしれない。結局のところ、その歴史の九五パーセント以上の間、人間は狩猟採集生活を送っていた。その頃は、見知らぬ人に出くわすと、立ち止まっておしゃべりした。すると相手はもはや見知らぬ人ではなくなった。

しかし今日の状況は大いに異なる。わたしたちは都市の匿名性に守られ、何百万人もの見知らぬ人にまぎれて暮らしている。わたしたちが他の人々について知っていることの大半は、メディアからもたらされるが、メディアは腐ったリンゴを強調しがちだ。この状況で、わたしたちが見知らぬ人を警戒するのは、当然ではないだろうか。見知らぬ人に対する生来の嫌悪感は、いずれ爆発する時限爆弾なのだろうか。

ハムリンの研究の後、乳児の道徳観を試す研究が多くなされてきた。これは魅力的な分野だ。分野としてはまだ幼いけれど。この種の研究にとって障害になるのは、乳児は気が散りやすいので、信頼できる実験の設計が難しいことだ[注24]。

　ありがたいことに、一歳半になると、人間はかなり賢くなり、したがって研究もやりやすくなる。ドイツ人心理学者フェリクス・ヴァルネケンの研究を見てみよう。博士課程の学生だったヴァルネケンは、幼児がどのくらい親切かを調べたいと思った。彼の指導教官はその構想を拒否した。二〇〇〇年代初期の当時、幼児は基本的に「歩く自我」と見なされていたからだ。しかしヴァルネケンはあきらめず、やがて世界中で再現されることになる一連の実験を行った[注25]。

　例外なく、結果は同じだった。一歳半という幼い年齢であっても、子どもは積極的に人に手を貸そうとし、遊びやゲームを中断してまで手助けし、ボールプールで遊んでいた時でさえ、遊ぶのをやめて見知らぬ人を手助けした[注26]。しかも、何の見返りも求めなかった[注27]。

　ただし悪いニュースもある。わたしはヴァルネケンの研究には励まされたが、その後、それほど楽観的でない研究にいくつも遭遇した。それらは子どもが互いと敵対し得ることを示した。第7章で取り上げたムザファー・シェリフのロバーズ・ケーブ実験（一九五四年）はその一つだ。一九六八年、キング牧師暗殺の翌日に行われた悪名高い実験も、子どもを互いと敵対させせた。

　一九六八年四月五日、小学校教師ジェーン・エリオットは、アイオワ州ライスビルの小規模な学校で受け持っている三年生のクラスで、差別される側の気持ちを子どもたちに経験させることを目的として、実験的な授業を始めた。

「この部屋にいる茶色の目の子どもは、優れています」とエリオットは言った。「その子たちは、きれい好きで、賢いのです」。彼女は黒板に「メラニン」と大文字で書いた。そして、メラニンは人を賢くする化学物質だと説明した。茶色い目の子どもはこれをより多くもっているので賢い。一方、青い目の子どもは「ぼうっとしていて、何もしようとしない(注28)」。

ほどなくして茶色い目の子どもは、青い目の子どもを見下すような態度をとるようになり、青い目の子どもは次第に自信を無くしていった。いつもは聡明な青い目の少女が、数学の授業中にミスをし始めた。そのあとの休み時間に、茶色い目の友だち三人が彼女に近づいてこう言った。「わたしたちの邪魔をしたことを謝るべきよ。だって、わたしたちはあなたより出来がいいんだから(注29)」

二週間後、エリオットがテレビの人気番組「ザ・トゥナイト・ショー」にゲスト出演し、この実験について語ると、白人のアメリカ人は激怒した。憤慨したある視聴者は「白人の子どもに対して、なぜこんな残酷な実験をしたのか」と手紙に書いた。「黒人の子どもは成長するにつれてこうした仕打ちに慣れるが、白人の子どもにその意味を理解する機会はない。白人の子どもにとって残酷だし、心に深い傷を残すだろう(注30)」

エリオットはその後も人種差別と戦い続けた。しかし、彼女の手法が科学的でないことを忘れてはならない。彼女はさまざまな手を使って生徒たちを対抗させた。たとえば、青い目の子どもを教室の後方に座らせ、休憩時間を減らし、茶色い目の子どもと遊ぶことを許さなかった。彼女の実験は、子どもを集団に分けて、介入しなければ何が起きるか、という疑問には答えなかった。

二〇〇三年の秋に、心理学者のチームがまさにそれを目的とする実験を行った。彼らはテキサス州の二つのデイケア施設の協力を得て、三歳から五歳の子ども全員に、赤か青のシャツを着させた。わずか三週間で、いくつかの結論を導くことができた。(注31)まず、大人が色の違いを無視しているかぎり、幼児もそれに注意を払わなかった。とは言え、子どもたちはある種のグループ意識を持つようになった。研究者との会話で、子どもは自分の色を、もう一方の色より「かっこいい」とか、「すてき」だと表現した。大人が「おはよう、赤さん!」「青さん!」と声かけして差異を強調すると、この効果はより大きかった。

続く実験では、五歳児のグループが、同様に毎日、赤か青のシャツを着た後、同じく赤か青のシャツを着た五歳児の写真を見せられた。子どもたちは、写真に写った子どもについては何も知らなかったが、自分と異なる色を着た子どもに対する見方は、かなり否定的だった。研究者によると、子どもたちの認識は、「ある集団のメンバーだというだけで、大幅に偏っていた。この発見には、不穏な意味が伴う(注32)」。

幼児は色に対する偏見がないわけではない、というのは厳しい教訓だ。それどころか、子どもはおとなよりも差異に敏感なのだ。おとなが全員を平等に扱い、肌の色や外見や貧富の差がないかのように振る舞っても、子どもは違いを感じとる。わたしたちは生まれつき脳内に同族意識の芽を備えているらしい。必要なのは、何かがそのスイッチをオンにすることだけだ。

わたしは乳児や幼児の分裂した特徴（基本的には友好的だが、外国人恐怖症の傾向もある）を読むうちに、「愛情ホルモン」オキシトシンを思い出した。オキシトシンはリュドミラ・トルートがシベリアで育てた愛嬌のあるギンギツネに高濃度で見られるホルモンだ（第3章参照）。このホルモンは愛情や愛着に重要な役割を果たすが、わたしたちに見知らぬ人を疑わせる可能性もあることを、科学者たちは認めている。

オキシトシンは、善良な人々が悪いことをする理由を説明するのに役立つだろうか。自分のグループとの強い結びつきゆえに、わたしたちは他者に敵意を抱くのだろうか。そして、ホモ・パピーの世界征服を可能にした社会性は、人類最悪の犯罪の源にもなるのだろうか。(注33)

当初わたしは、そんなはずはない、と考えた。結局、ホモ・パピーは本能的なレベルでもう一つの印象的な能力を備えている、それは、他者に共感する能力だ。わたしたちは、他の誰かの立場に立つことができる。他者の状況や気持ちを、感情レベルで理解できるようにできているのだ。

4　身近な人に共感する

わたしたちは共感できるだけでなく、共感が得意だ。人間は感情を吸いとる掃除機のようなもので、いつも他人の感情を吸い上げている。本や映画がいかにやすやすとわたしたちを笑わせたり泣かせたりするかを考えてみよう。わたしの場合、飛行機の機内で上映される悲しい映画は、最悪だ。（他の乗客に慰められるはめにならないよう、一時停止ボタンをしょっちゅう押さなければならない（注34）。

長い間わたしは、他人の苦しみを感じるこの素晴らしい本能は、人々をより親しくさせると考えていた。この世界が必要としているのは、より多くの共感だ、と思っていた。しかし、そんな折に、赤ん坊を研究する心理学者、ポール・ブルームが書いた新刊を読んだ。

人々がブルームに、著書のテーマを尋ねると、ブルームは次のように言うだろう。

「共感についての本だ」

人々は微笑み、うなずくが、それはブルームの次の言葉を聞くまでだ。

「わたしは共感を良いこととは思わない（注35）」

ブルームは冗談を言っているのではない。彼によると、共感は、世界を照らす情け深い太陽ではない。それはスポットライトだ。サーチライトなのだ。共感は、あなたの人生に関わりのある特定の人や集団だけに光をあてる。そして、あなたは、その光に照らされた人や集団の感情を吸いとるのに忙しくなり、世界の他の部分が見えなくなる。

別の心理学者が行った次の研究を見てみよう。この研究では、被験者はまず、不治の病を患う一〇歳の少女、シェリ・サマーズの悲しい物語を聞く。彼女は救命治療の待機リストに載っているが、時間切れが近づいていた。被験者は、「シェリを順番待ちリストの上位に移動させてもいいが、客観的に判断するように」と言われた。

ほとんどの人は、シェリに優先権を与えなかった。リストに載っている全ての子どもが病気で、治療を必要としていることを知っていたからだ。

しかし、ここでひねりが加えられた。第二グループの被験者は同じ物語を聞いたが、その後、シェリの気持ちを想像することを求められた。「まだ幼いのに、こんなひどい病気にかかって、彼女はどれほど辛いか想像してみよう」と。このたった一回の共感が、すべてを変えた。被験者の大多数は、シェリの順位を上げることを求めたのだ。あなたもそう考えるのなら、それは道徳的な選択とは言い難い。シェリに注がれたスポットライトは、彼女より長くリストに載っていた他の子どもに死をもたらす可能性があるのだから。(注36)

皆さんはこう思うのではないだろうか。「その通り。だからわたしたちには、もっと共感が必要なのだ」。シェリだけでなく、待機リストに載っている世界中の子どもの気持ちを考えなければならない。さらなる感性、さらなる感情、さらなる共感が必要なのだ、と。

しかし、スポットライトはそのように働かない。自分がある人の立場に立ったと想像してみよう。次に、一〇〇人の人の立場に立ったと想像しよう。その次は一〇〇万人。さらには七〇億人。

そんなことは不可能だ。

ブルームによると、共感できる相手は、救いがたいほど限られている。共感は身近な人に対して持つ感情である。わたしたちが匂いをかぎ、目で見て、耳で聞き、触れることができる人に対して。家族や友だち、お気に入りのバンドのファン、そしておそらくは、町で見かけるホームレスに対して。さらにはイヌに対しても。畜産場で虐待された動物の肉を食べながら、わたしたちは、子犬を抱いたり可愛がったりする。また、テレビが映す人々に対しても共感を覚える。悲しげな曲をＢＧＭにして、カメラがズームインする人々に対して。

ブルームの本を読むと、共感は何よりもニュースに似ていることに気づく。第1章では、ニュースがスポットライトのように機能することを述べた。共感が、特別な人か何かにズームインしてわたしたちを騙すように、ニュースは例外的な何かにズームインして、わたしたちを欺く。

一つ確かなことがある。それは、より良い世界は、より多くの共感から始まるわけではないということだ。むしろ、共感はわたしたちの寛大さを損なう。なぜなら、犠牲者に共感するほど、敵をひとまとめに「敵」と見なすようになるからだ。(注37) 選ばれた少数に明るいスポットライトをあてることで、わたしたちは敵の観点に立つことができなくなる。少数を注視すると、その他大勢は視野に入らなくなる。(注38)

これが、子イヌの専門家ブライアン・ヘアが語ったメカニズムだ。わたしたちを地球上で最も親切で最も残虐な種にしているメカニズムだ。そして悲しい現実は、共感と外国人恐怖症が密接につながっていることだ。その二つはコインの表と裏なのである。

5　戦争に勝つ方法

では、なぜ善人が悪人になってしまうのか？

そろそろ答えを組み立てることができそうだ。第二次世界大戦時、ドイツ国防軍の兵士は、何よりも互いのために戦った。彼らの大半を動機づけたのは、サディズムや血への渇望ではなく、仲間意識だった。

また、戦場にいる時でさえ、兵士にとって人を殺すのは難しいことをわたしたちは知った。第4章で見たように、太平洋戦線でマーシャル大佐は、大半の兵士が発砲しないことに気づいた。スペイン内戦時に作家ジョージ・オーウェルは同じことに気づいた。さらに彼は、ある日、自らが敵に共感し、動揺していることを悟った。

その瞬間、一人の男が塹壕から飛び出し、そのへりを走るのがこちらから丸見えになった。彼はまともに服を着ておらず、走りながらズボンを両手でひっぱりあげていた。わたしは彼を撃たなかった。理由の一つは、ズボンにある。わたしがここへ来たのは「ファシスト」を撃ち殺すためだったが、ズボンを引っ張り上げていた男は「ファシスト」ではなかった。自分と同じ人間だった。だから撃つ気になれなかったのだ。(注39)

マーシャルとオーウェルの観察は、身近に思える人に危害を加えることの難しさを示している。そこには、わたしたちを自制させ、引き金を引けなくする何かがあるのだ。

銃撃よりさらに難しい行為を、軍事歴史家たちは発見した。その行為とは、人を刺し殺すことだ。ワーテルローの戦い（一八一五年）とソンムの戦い（一九一六年）で負傷した兵士のうち、銃剣による負傷者は一パーセントに満たなかった。(注40) 何百という博物館に展示された何千本もの銃剣も、大半は一度も使われなかった。ある歴史家が記している通り、「銃剣でやりあう前に、たいていどちらかの兵士が、他の場所での急務を思い出すのだ」。(注41)

ここでもやはり、わたしたちはテレビや映画によって誤解させられている。『ゲーム・オブ・スローンズ』のようなテレビドラマや『スター・ウォーズ』のような映画は、人を串刺しにするのは朝飯前だと視聴者に思い込ませる。しかし現実には、人の身体を突き刺すのは、心理的に非常に難しいことなのだ。

では、過去一万年間の数億人もの戦争犠牲者をどう説明すればいいのだろうか。彼らはどのようにして死んだのか？　この問いに答えるには、法医学的な検査が必要とされる。例として第二次世界大戦で亡くなったイギリス人兵士の死因を見てみよう。(注42)

その他　1パーセント
化学攻撃　2パーセント
爆風、圧死　2パーセント
地雷、ブービートラップ（罠）　10パーセント
銃弾、対戦車地雷原　10パーセント
迫撃砲、手榴弾、空爆、砲弾　75パーセント

気づいただろうか？　これらの犠牲者を結びつける要素があるとしたら、それは、ほとんどが遠隔操作によって殺されたということだ。兵士の圧倒的多数は、ボタンを押したか、爆弾を落としたか、地雷をしかけた者によって殺された。彼らの姿を、半分裸でズボンを引き上げようとしている姿を、見ることは決してなかった者によって。

どの時代でも、戦時の殺害は遠くからなされた。軍事技術の進化を、より遠くから攻撃で

きるようになる過程として説明することさえできる。棍棒と短剣から弓矢へ、マスケット銃と手榴弾から大砲と空爆へ、武器は、戦争の主要な問題を解決する方向へと進化してきた。その問題とは、人間は根本的に暴力を嫌悪することだ。相手の目を見ながら、その人を殺すことは、事実上不可能だ。わたしたちの大半は、牛肉を食べるには自分で牛を殺さなければならないとしたら、即座に菜食主義になるだろう。同様に、多くの兵士は、敵に近づきすぎると、良心的兵役拒否者になる。

古来、戦争に勝つ方法は、遠くからできるだけ多くの人間を攻撃することだった。(注43)それは、百年戦争（一三三七～一四五三年）のクレシーの戦いとアジャンクールの戦いで、長弓を用いたイングランド軍がフランス軍を破り、一五世紀から一六世紀にかけてコンキスタドールがアメリカ大陸を征服した方法であり、今日ではアメリカ人がドローンを使って行っていることだ。

長距離兵器の他にも、軍隊は、敵との心理的距離を広げるための方法をいくつも用いる。他の人を害獣と見なして人間性を否定すると、本当に人間でないかのように扱えるようになる。

また、兵士が本来備えている共感力と、暴力に対する嫌悪感を、薬によって弱めることもできる。トロイの木馬からワーテルローの戦いまで、朝鮮戦争からベトナム戦争まで、人を酔わせるものの助けなしに戦った軍隊はほとんどない。ドイツ軍が三五〇〇万錠のメタンフエタミン錠（通称クリスタル・メス。攻撃性を引き起こす）を用いなければ、一九四〇年に

パリは陥落しなかった、と学者たちは考えている。[注44]

また軍隊は兵士を「訓練」することができる。第二次世界大戦後、アメリカ軍は、他ならぬマーシャル大佐の勧めによってそれを始めた。ベトナム戦争で新兵は、ブートキャンプ（新兵の訓練プログラム）に放り込まれた。そこでは仲間意識だけでなく、最も残酷な暴力も賞賛され、声が嗄れるまで「殺せ！　殺せ！　殺せ！」と叫ぶことを強要された。第二次世界大戦の退役軍人（その多くは人の殺し方を習わなかった）は、この種の訓練の映像を見て衝撃を受けた。[注45]

今日、兵士の射撃訓練の標的は、紙に描かれた同心円ではなく、現実味のある人影だ。加えて、銃の発砲は自動化され、兵士は考えることなく条件反射的に発砲する。狙撃手《スナイパー》の訓練は、さらに過激だ。効果が実証された訓練の一つは、訓練生を椅子に縛りつけ、特殊な装置で目を見開かせ、一連のおぞましいビデオを見させるというものだ。[注46]

わたしたちは暴力に対する生来の嫌悪感を根絶やしにする方法をいくつも見つけている。現代の軍隊では、仲間意識はそれほど重要でなくなった。その代わり、あるアメリカの退役軍人の言葉を借りれば、「兵士たちは作り出された（敵への）軽蔑」を備えている。[注47]

こうした条件づけは成功した。この技術で訓練された兵士を、旧式の軍隊と戦わせると、必ず後者が粉砕される。フォークランド紛争（一九八二年）を見てみよう。数ではまさっていても時代遅れのアルゼンチン軍が、訓練を受けてシューティングマシンと化したイギリス軍に勝つ見込みはなかった。[注48]

アメリカ軍も「射撃率」を高めることに成功し、兵士の発砲率は朝鮮戦争では五五パーセントだったが、ベトナム戦争では九五パーセントに上昇した。しかしこれには代償が伴った。訓練で何百万という若い兵士を洗脳すると、彼らが心的外傷後ストレス障害（ＰＴＳＤ）を負って帰還するのは当然だろう。事実、ベトナム戦争後は多くの兵士がそうなった。[注49] 数えきれないほどの兵士が人を殺しただけでなく、彼らの内なる何かも死んだのだ。

最後になったが、敵と容易に距離をとれる人々が存在する。それは指導者だ。

高みから命令を下す、軍やテロ組織の指導者は、敵に対する共感を抑圧する必要はない。そして、興味をそそるのは、兵士は一般に普通の人間だが、指導者はそうではないことだ。テロの専門家や歴史家は、権力者には明らかな心理的特徴がある、と主張する。アドルフ・ヒトラーやヨーゼフ・ゲッベルスのような戦争犯罪人は、権力に飢えた偏執的なナルシシストだ。[注50] アルカイダやＩＳの指導者は人心操作が巧みなエゴイストで、同情や懐疑といった感情に悩まされることはまれだ。[注51]

これは、わたしたちを次の謎へと導く。ホモ・パピーが生まれつき友好的な生き物であるなら、利己主義者や日和見主義者、ナルシシストや社会病質者（ソシオパス）がなぜそのトップに立ち続けるのだろう。顔を赤らめる唯一の種であるわたしたちがなぜ、恥知らずの見本のような人間が自分たちを支配することを、許すのだろう？

第11章　権力はいかにして腐敗するか

1　現代に生きるマキャヴェッリ『君主論』

権力について書こうとすると、避けて通れない名前がある。その人物については、第3章で手短に紹介し、権力を維持しようとする人は嘘や欺瞞《ぎまん》の網を張らなければならない、という彼の理論について考察した。

その人物の名はニッコロ・マキャヴェッリ。

一五一三年の冬、一人の落ちぶれた官吏が、パブで長い夜を過ごした後、小論の執筆に取り掛かった。後にその官吏、すなわちマキャヴェッリは、その小論を『君主論』と名づけた。「ちょっとした気まぐれ」とマキャヴェッリが呼ぶこの小論は後に、西洋史上、最も影響力を持つ著作の一つになる。(注1)『君主論』は、皇帝カール五世、ルイ一四世、スターリン書記長のベッドサイドに置かれた。ドイツ首相オットー・フォン・ビスマルクも、チャーチルもムッソリーニもヒトラーも同書を持っていた。ワーテルローで敗北を喫した直後のナポレオンの馬車の中にもあった。

マキャヴェッリの思想の大きな強みは、実行可能であることだ。彼は次のように記している。権力を得たければ、つかみとらなければならない。図太くなれ。原則やモラルに縛られる必要はない。目的が手段を正当化する。それに、あなたが気をつけていなければ、他の人々がやすやすとあなたを踏みつぶすだろう。「一般に男は恩知らずで、浮気症で、内心を隠し、偽善的で、臆病で、強欲だ(注2)」。誰かが親切にしてくれたとしても、騙《だま》されてはいけない。それはペテン師だ。なぜなら「男は、自分にとって必要でない限り、何一つ良いことはしないからだ(注3)」

『君主論』はしばしば「現実主義的」だと言われる。同書を読みたければ、最寄りの書店に行って常設コーナーを探すといい。もしくは、『経営者のためのマキャヴェッリ』から『母親のためのマキャヴェッリ』まで、彼の哲学をテーマにした多数の自己啓発本から一冊選ぶか、彼の思想に影響された芝居や映画やテレビドラマを見るといい。『ゴッドファーザー』、『ハウス・オブ・カード』、『ゲーム・オブ・スローンズ』、これらは基本的には、『君主論』の脚注にすぎない。

今もマキャヴェッリの理論の人気は高いので、彼が正しいかどうかを改めて問うことには意味がある。権力を手に入れて維持するには、厚かましく嘘をつき、人を騙さなければならないのだろうか。彼の理論について、最新の科学は何を語るだろう。

カリフォルニア大学の社会心理学者ダッカー・ケルトナーは、応用マキャヴェリズムの第一人者だ。九〇年代に権力にまつわる心理学に興味を持つようになった時、彼は二つのことに気づいた。

一つは、ほとんどの人がマキャヴェッリは正しいと信じていたことだ。二つ目は、それを裏づける研究を行った人がほとんどいなかったことだ。

ケルトナーはその開拓者になろうと決心した。彼は、「自然状態」実験と自ら名づけた実験において、寄宿舎からサマーキャンプまで、人間が支配権を自由に競いあう一連の状況に潜入した。人々が初めて出会うそうした場所でこそ、マキャヴェッリの時を超えた知恵が発揮されるだろうと期待したからだ。

その期待は外れた。『君主論』の指示通りに振る舞う人はキャンプからたちまち追い出されることに、彼は気づいた。旧石器時代と同様に、こうした小社会は傲慢さを許さない。人々は、傲慢な人を変わり者と見なして締め出す。その社会で権力を手にするのは、最も親切で共感力がある人だということをケルトナーは知った。(注4) 最も友好的な人が生き残るのだ。

さて、あなたは今、こう考えているのではないだろうか。この教授がわたしの上司に会いに来てくれたらいいのに。そうすれば、くだらないリーダー論にはまっている上司は目を覚ますかもしれない。

ちょっと待ってほしい。この話には続きがある。ケルトナーは、人が権力を得るとどうなるかについても研究した。そして、先の結論とは異なる結論に達した。それらの研究の中で、おそらくいちばん面白いのは、「クッキーモンスター研究」だ。『セサミストリート』に登場する毛むくじゃらの青いマペット、クッキーモンスターにちなんでの命名である。(注5)一九九八年に、ケルトナーと彼のチームは、被験者を三人ずつのグループにして、ランダムに選んだ一人をリーダーに指名した。そして全員を退屈な作業に取り組ませた。まもなく実験助手が、「皆さんでどうぞ」と、五枚のクッキーを載せた皿を持って来た。どのグループも最後の一枚を皿に残した（マナーの黄金律だ）。しかし、ほぼすべてのグループで四枚目のクッキーはリーダーが食べた。さらに、ケルトナーが指導する博士課程の学生は、リーダーたちの食べ方がだらしないことに気づいた。録画を再生してみると、これらの「クッキーモンスター」たちは、往々にして口を開いたまま、大きな音を立てて食べ、シャツにこぼすことも多かった。

あなたの上司のことのように聞こえるだろうか。

当初わたしは、この風変わりな実験をばかにしていたが、近年、数十件もの同様の研究が、世界中で発表されている。(注6)ケルトナーらのチームが行った別の研究では、高級車の心理的影響を調べた。第一グループの被験者は、古びた三菱車かフォード・ピント（小型車）の運転を課せられた。横断歩道を渡ろうとする歩行者を見かけると、彼らは皆、法に従って一時停止した。

しかし第二グループの被験者は、素敵なメルセデスを与えられた。今回、四五パーセントの人は、歩行者のために一時停止しなかった。そして車が高価になればなるほど、運転マナーは乱暴になった。(注7)「BMWの運転が最悪だ」と別の研究者はニューヨーク・タイムズ紙に語った。(注8)(この研究は再現され、同様の結果を二度出している)(注9)

ドライバーの行動を観察するうちに、ケルトナーはあることに気づいた。医学用語ではそれを「後天的社会病質者(後天的ソシオパス)」と呼ぶ。一九世紀に心理学者たちによって初めて診断された、非遺伝性の反社会的人格障害だ。脳の重要な領域を損傷したために起こり、親切な人を最悪のマキャヴェリアンに変えることさえある。

権力を握る人々にも、同じ傾向が見られる。(注10)彼らは脳を損傷した人のような行動をとる。普通の人より衝動的で自己中心的で落ち着きがなく、横柄で無礼。浮気する可能性が高く、他人にもその気持ちにもあまり関心がない。加えて彼らは厚かましく、人間を霊長類の中で特別な存在にしている、顔の現象を往々にして喪失している。

つまり彼らは赤面しないのだ。

権力は麻酔薬のような働きをして、人を他者に対して鈍感にするらしい。二〇一四年の研究では、三人のアメリカの神経科学者が「頭蓋刺激装置(TMS)」を使って、権力を持つ人と持たない人の認知機能を調べた。その結果、権力の感覚が、共感において重要な役割を果たす精神プロセス「ミラーリング」(他者の行動や態度を無意識に模倣すること)を混乱させることがわかった。(注11)わたしたちは常にミラーリングを行っている。誰かが笑うと、あなたも笑う。誰かがあくびをすると、あなたもあくびする。しかし権力者はあまりミラーリングをしない。まるで他の人間とのつながりを感じていないかのように。まるでプラグが抜けたかのように。(注12)

もし権力者が、他者とのつながりを普通の人より感じにくいのであれば、彼らがより「冷笑的」なのは不思議なことではない。数多くの研究が示すのは、権力の影響の一つは、他者を否定的に見るようになることだ。(注13)権力者はこう考えている可能性が高い——大半の人はなまけ者で信頼できない。従って彼らは、監督、監視、管理、検閲され、するべきことを命令されなければならない——。加えて、権力は優越感を感じさせるので、権力者は、こうした監視はすべて自分に委ねられるべきだと考えるだろう。

痛ましいことに、権力を持たない人には逆の影響が現れる。心理学の研究が示すところによると、自分には権力がないと感じる人は、自信を持てない。彼らは意見を述べることをためらう。集団においては、自分をより小さく見せ、自らの知性を過小評価する。(注14)

こうした自信のなさは、権力者にとっては都合がいい。なぜなら、自分を信じられない人々は、権力に刃向かおうとしないからだ。彼らは口をつぐむので、検閲する必要もない。ここには、ノセボ効果が見られる。人々を愚か者のように扱えば、彼らは自分は愚かだと感じるようになり、一方、権力者は、大衆は愚かで考えることができないので、わたしがビジョンや洞察をもって彼らを支配しなければならない、と理由づけるのだ。

しかし、共感力の乏しい人が権力者になるわけではない。逆に権力が人を近視眼的にするのだろう。トップに立つと、他者の視点に立とうとする気持ちが薄れる。権力者は、理性に欠ける人やいらだたしく思える人を見つけても、無視するか、処罰、監禁、あるいはもっとひどい扱いをすればすむので、その人に共感する必要はない。また、権力者は自らの行動を正当化する必要がないので、自ずと視野は狭くなる。

これは共感力テストで女性が男性より高得点をとりがちなことの説明にもなりそうだ。二〇一八年にケンブリッジ大学で行われた大規模な研究は、こうした男女差は、遺伝的なものではなく、むしろ科学者が「ソーシャリゼーション（社会化）」と呼ぶもののせいだと結論づけた。(注15) 伝統的に、権力は男性が握り、女性には男性を理解することが求められてきた。女性は直感が優れているという普遍的な見方も、おそらく同じ不均衡に根ざしているのだろう。つまり、女性には男性の視点に立ってものごとを見ることが期待されるが、その逆はまれなのだ。

2　権力が神を生んだ

わたしは、権力の心理学を探求するにつれて、権力は麻薬のようなもので、さまざまな副作用を伴うことを理解した。「権力は腐敗しがちだ。そして絶対的権力は、絶対的に腐敗する」という、英国の歴史家アクトン卿が一九世紀に述べた言葉は有名だ。心理学者も社会学者も歴史家も、この言葉に限っては、文句なく同意する。(注16)

ケルトナーはこれを「権力のパラドクス」と呼ぶ。数十の研究によると、わたしたちは、最も控えめで優しい人をリーダーに選ぶ。しかし頂点に立って権力を手にすると、その人はのぼせあがって、結局、リーダーの座を追われることになるのだ。

リーダーを倒すのがどれほど難しいかを理解するには、ゴリラやチンパンジーの群れを見るといい。ゴリラの群れには独裁者のシルバーバックがいて、すべてを決定し、ハーレムを作ってメスを独占する。チンパンジーの群れでも、リーダーはその地位を維持するために懸命に努力する。リーダーになるのは、最も強く、連盟の形成に最も長けたオスだ。

「マキャヴェッリの記述は、すべてそのままチンパンジーの行動にあてはまりそうだ」と、生物学者フランス・ドゥ・ヴァールは、八〇年代初めに刊行された著書、『チンパンジーの政治学』に記している。(注17)君臨するアルファ雄は、男らしさを誇示して歩き回り、他のサルを巧みに操って、支配する。家来の雄は、アルファ雄の支配を手伝うが、簡単に裏切ることもある。

　科学者たちは数十年前から、人間のＤＮＡがチンパンジーと九九パーセント同じだと知っていた。一九九五年、下院議長だったニュート・ギングリッチは、この事実に刺激を受けて、ドゥ・ヴァールの書籍、数十冊を同僚に配布した。彼から見れば、アメリカ議会はチンパンジーのコロニーと大差なかった。せいぜい、議員たちは本能を隠すための努力を、チンパンジーより少々多く行っていただけだ。

　当時まだ広く知られていなかったのは、ＤＮＡの九九パーセントを人類と共有する霊長類が他にもいることだ。それはボノボである。フランス・ドゥ・ヴァールが初めてボノボを見たのは七〇年代のことで、当時、ボノボは「ピグミー・チンパンジー」と呼ばれていた。長い間、ボノボはチンパンジーと同種と見なされていた。(注18)

　しかし、両者は別の動物だ。第４章では、人類《ホモ・パピー》と同じく、ボノボも自らを家畜化したことを述べた。ボノボのメスはこのプロセスの鍵だと思える。なぜなら、オスほどには強くないが、オスがメスをいじめると、メスは団結して復讐する。必要なら、オスのペニスを噛みちぎることさえする。(注19)このパワーバランスのおかげで、ボノボのメスはつがう相手を選ぶことができ、通常、優しいオスが最初に選ばれる。

（もしあなたが、この解放が退屈な性生活につながると思うのなら、それは誤解だ。「ボノボは、『カーマスートラ（性愛の書）』を読んだことがあるかのようにふるまう」とドゥ・ヴァールは記している。「想像できるかぎりの体位で彼らは性交する」(注20)。ボノボの二つの集団が初めて出会うと、しばしば乱交パーティになる）

本題に入る前に確認しておこう。人間は明らかにボノボではない。しかし、ますます多くの研究が示唆する通り、わたしたちは、マキャヴェッリ主義のチンパンジーとよりも、温厚なボノボと共通点が多い。まず、人類の歴史の大半を通じて、わたしたちの政治システムはボノボのそれに似ていた。クン人の戦術を思い出してもらいたい（第5章参照）。あるクン人はこう言った。「わたしたちが自慢する人間を拒絶するのは、プライドが高いせいで、その男はいつか誰かを殺すことになるからだ。だから、わたしたちはいつもその男に、おまえが捕まえた獲物の肉は価値がない、と言う。そうやって彼の頭を冷やし、穏やかにさせるのだ」。

あるアメリカの人類学者は、狩猟採集民の社会についての四八の研究を分析して、マキャヴェリズムはほぼ常に惨事を招く、という結論に至った。彼はその理由を説明するために、狩猟採集をしていた時代にリーダーに選ばれるために必要とされた特徴を挙げた。それは、次の通りだ。

寛大である
勇敢である
賢明である
カリスマ性がある
公平である
偏見がない
信頼できる
機転がきく
強い
謙虚である(注21)

狩猟採集民の世界では、リーダーは一時的な存在にすぎず、重要なことは皆で話し合って決める。後にマキャヴェッリが述べたような愚かな行動をとる人は、命を危険にさらすことになる。利己的な人間や強欲な人間は部族から追い出され、飢餓に直面する。結局のところ、食料を独り占めしようとする人とは、誰も食料を分かち合いたいとは思わないのだ。

チンパンジーよりボノボに似ている、人間のもう一つの特徴は、生来、不平等を嫌悪することだ。グーグル・スカラーで「不平等嫌悪」を検索すると、この原始的な本能に関する論文が一万件以上見つかる。わずか三歳の子どもでも、ケーキを平等に分けようとするし、六歳になると、一人に他の人より大きい一切れを与えるよりも、多い部分を切って捨てる。[注22]ボノボと同じように人間もひんぱんに、まるで取り憑かれたかのように、分け合うのだ。

もっとも、こうした発見を過大評価してはならない。ホモ・パピーは生まれながらの共産主義者ではない。人間は、正当だと思える場合は少々の不平等を許す、と心理学者は強調する。それが正当に見える限り、不公平があってもいいと思うのだ。もしあなたが、自分は、一般の人より頭がいい、より善良である、より信心深い、と人々に納得させられるのであれば、あなたが高位につくのは当然であり、人々に反対される恐れはない。

定住生活が始まり、やがて不平等が拡大すると、族長や王は、自分たちが臣民より多くの特権を享受していることを正当化しなければならなくなった。そこで彼らは宣伝《プロパガンダ》を始めた。移動生活をしていた頃の族長は、皆、謙虚だったが、今やリーダーたちは偉そうにし始めた。王は、わたしは神から与えられた権限によって支配している、あるいは、わたしは神である、と宣言した。

今日の権力者のプロパガンダはもっと控えめだが、ある個人が抜きん出て大きな権力や地位や富を持つに「値する」ことを正当化するためのイデオロギーが作られなくなったわけではない。今もそれは作られている。資本主義社会では、「貢献」が、よく語られる。しかし、社会に最も貢献する人を、どうやって決めればいいのだろう。それは銀行家か、あるいは、ごみ収集作業員か。看護師か、それとも、「破壊者」と呼ばれる革新的な新興企業家か。自分の貢献について語る物語が素晴らしいほど、その人の取り分は多くなる。実のところ、文明の進化は、自らの特権を正当化する新たな方法を編み出しつづけた支配者の歴史、と見な

すことができるだろう。(注23)

しかし考えてみれば、奇妙なことだ。わたしたちはなぜ、リーダーが語る物語を信じるのだろう。

一部の歴史家は、それはわたしたちが世間知らずだからなのだが、リーダーの作り話を信じやすいことは、むしろ人間という種の強みではないか、と言う。(注24)簡単に言えば、こういうことだ。互いを知らない数千人をチームとして働かせるには、彼らをまとめるために何かが必要だ。この接着剤は友情より強くなければならない。なぜならホモ・パピーの社会的ネットワークは、霊長類の中で最大だが、都市や国家を形成するほど大きくはないからだ。

通常、わたしたちの社会的ネットワークは一五〇人ほどで構成される。研究者たちは一九九〇年代にこの結論に達した。二人のアメリカの研究者が、一群の被験者に、クリスマスカードを送る友人や家族をリストアップするよう依頼した。平均は六八世帯、約一五〇人で構成されていた。(注25)

探しはじめると、いたるところでこの数字が見つかる。古代ローマの軍隊から信仰心に富む入植者まで、企業の部局からフェイスブックの友だちまで、この魔法の閾値はそこここに現れ、人間の脳が有意義な人間関係を築けるのは一五〇人が限度だということを示唆する。

問題は、一五〇人いれば盛大なパーティを開くには十分だが、ピラミッドを築いたり、月にロケットを送ったりするには、到底足りないことだ。その規模でのプロジェクトは、はるかに大きなグループの協力を必要とし、リーダーははるかに多くの人々をやる気にさせなければならない。

どうやって？　作り話によって、である。わたしたちは、会ったことのない人とのつながりを想像することを学んだ。宗教、国、企業、国家、これらはすべて、わたしたちの心の中と、リーダーとわたしたちが語る物語の中にしか存在しない。誰も「フランス」と会ったことはないし、「ローマカトリック教会」と握手したこともない。そうであっても、わたしたちがその作り話を支持する限り、問題はない。

こうした作り話の最もわかりやすい例は、当然ながら神だ。もしくは、元祖ビッグ・ブラザーと呼んでもいい。わたしはまだ十代だった頃に、自分が慣れ親しんだキリスト教の創造主はなぜ、人間とその行動に関心を寄せるのだろう、と不思議に思った。当時のわたしは、移動民だった祖先が異なる神の概念を持っていて、その神々は人間の生活にはほとんど関心がなかったことを知らなかった。（第5章参照）

問題は、どこでわたしたちは全能の神への信仰を得たかである。それも、人間の罪に怒りを覚える神への信仰を。科学者たちは近年、非常に興味深い理論を考え出した。その理論を理解するには、ホモ・パピーの目には独特の特徴があると述べた第3章に戻る必要がある。虹彩を囲む白目のおかげで、わたしたちは互いの視線の方向を追うことができる。そうやって他の人の心を垣間見ることは、信頼の絆を築くために欠かせなかった。

しかし、数千人の見知らぬ人々と共に生活するようになると、何もかもが変わった。文字通り、わたしたちには互いの姿が見えなくなった。数千人、数万人、数百万人とアイコンタクトをとることはできないので、相互不信が高まり始めた。次第に人々は、他の人が社会を食い物にするのではないか、自分たちは汗水垂らして働いているのに、他の人々は横になって休んでいるのではないか、と疑いはじめた。

そのため、支配者は大衆を監視する誰かを必要とした。すべてを聞き、すべてを見る人、すべてを見通す目、すなわち神である。

この新たな神が、復讐する神であったのは、偶然ではない。(注26) 神は巨大な化け物《レヴィアタン》となり、毎日、終日、すべての人を監視した。考えることさえ、安全ではなかった。「あなた方の髪の毛までも一本残らず数えられている」と聖書は語る。(マタイによる福音書一〇章三〇節)以来、この全能の神は、天から人間を監視し、管理し、必要とあらば打ちすえた。

作り話は、わたしたちとリーダーが、他のどの種もしたことのないことをするのを助けた。それは、数百万の見知らぬ人々とともに、並外れた規模で協働することだ。偉大な文明が生まれたのは、これらの作り話の巨大な力によるものだ、とこの理論は語る。ユダヤ教とイスラム教、国家主義と資本主義、これらはすべて、わたしたちの想像の産物だ。イスラエルの歴史家ユヴァル・ノア・ハラリは自著『サピエンス全史』(二〇一一年)にこう記している。「すべては物語を語ることと、その物語を信じるよう人々を説得することを中心に展開した」(注27)

これは魅力的な理論だが、一つ欠点がある。

それは、人類の歴史の九五パーセントを無視していることだ。

移動民だった祖先のネットワークは、一五〇人という友だちの数の閾値を超えていた。(注28) たしかに祖先たちは小集団で狩猟採集を行っていたが、その集団は、メンバーを定期的に交換し、多数の部族の遺伝子が入り混じった巨大なネットワークの一員にした。これについては第3章で考察した。パラグアイのアチェ族とタンザニアのハッツァ族は、一生の内に平均で一〇〇〇人の人と出会う。(注29)

加えて、旧石器時代の人々は、豊かな想像力も備えていた。人々は常に、独創的な神話を紡ぎ出し、互いに語り伝え、大勢が協力する仕事の潤滑油にしてきた。現在のトルコにある世界最古の神殿ギョベクリ・テペ（第5章参照）はまさにその例であり、数千人の協力によって建てられた。

唯一の違いは、旧石器時代の神話は定着しなかったことだ。族長はすぐ倒され、記念碑はたちまち壊された。二人の人類学者は次のように語る。

旧石器時代の祖先は、不平等の魔神が瓶の中から現れるまで、原始的な無知に浸っていたわけではない。彼らは魔神が入った瓶の口を、巧みに開けたり閉めたりしていた。不平等を儀式ばったドラマの中に閉じ込め、記念碑を作るように神々や王国を作ったかと思えば、楽々とそれらを解体した。(注30)

数千年の間、わたしたちは語られる物語に対して、懐疑的になることができた。誰か饒舌な人が立ち上がって、自分は神によって選ばれたと宣言しても、笑い飛ばすことができた。その人が集団にとって邪魔になると、背後から矢を射た。ホモ・パピーは友好的ではあったが、世間知らずではなかったのだ。

しかし、軍隊と司令官が現れると、このすべてが変わった。自分に反対する人すべての皮をはぎとり、生きながら焼き、あるいは溺れさせ、四つ裂きにする強い人物に文句を言うことを想像してみよう。自分の不満はたいしたことではないと思えるはずだ。マキャヴェッリはこう記している。「武装した預言者が勝ち、武装していない預言者が敗れたのは、そのためだ」

この時から神々と王は、容易には追放されなくなった。神話を支持しないと命が危うくなることを人々は知ったのだ。別の神を信じる人は、信仰心を心の中にしまっておかなければならない。国民国家を愚かな幻想と思う人は、首が飛ぶかもしれない。マキャヴェッリはこう言った。「信じなくなった人々を、力ずくで信じさせるために、もろもろの条件をアレンジするのは有益だ(注31)」

しかし、皆さんは、現在、少なくとも退屈な官僚制度を備える整然とした民主主義諸国においては、暴力はもはや大きな役割を果たしていない、と考えるかもしれない。だがそれは誤解だ。暴力の脅威は依然として存在し、むしろ蔓延している(注32)。暴力の脅威があればこそ、子どもがいる家族も、ローンを支払えないと家を出て行くしかない。暴力の脅威があればこそ、移民はわたしたちが「ヨーロッパ」とか「アメリカ」と呼ぶ架空の国の国境を越えることができない。そして、暴力の脅威があればこそ、わたしたちは貨幣を信じ続ける。

ちょっと考えてみよう。なぜ人々はいくばくかの金属や紙切れ、もしくは銀行口座に追加されるいくつかの数字と引き換えに、「オフィス」と呼ばれる檻に、週四〇時間も閉じこもるのだろう。時の権力者のプロパガンダに説得されたからだろうか。そうだとしても、なぜ、反対する人が一人もいないのだろう。なぜ誰も税務署に行って、こう言わないのだろう。「ちょっと聞いてください。神話の力について興味深い本を読んだのですが、その本には、お金はフィクションだと書かれていました。だから今年は税金を払いません」

理由ははっきりしている。もし請求書を無視したり、税金を払わなかったりすると、罰金を科されたり、収監されたりするからだ。あなたが進んで従わなければ、当局が追いかけてくる。お金はフィクションかもしれないが、現実の暴力の脅威によって強化されているのだ。(注33)

3　独裁、社会主義、共産主義、民主主義に共通

ケルトナーの論文や、権力の心理についての著作を読むにつれてわたしは、私有財産と農耕の発達がホモ・パピーをいかに迷わせたかを理解し始めた。

数千年間、人々は温厚な人をリーダーに選んできた。しかし、旧石器時代においてさえ、人々は権力が腐敗することをよく知っていたので、恥入らせたり、仲間から圧力をかけたりするシステムを活用して、集団のメンバーが暴走するのを抑えた。

しかし一万年前になると、権力者を引きずり下ろすのは難しくなった。

都市や国家が築かれ、支配者が軍の指揮権を掌握すると、少々のゴシップや槍では用をなさなくなった。王は退位を拒否した。大統領が嘲笑《ちょうしょう》や揶揄《やゆ》によって引きずり下ろされることはなかった。

一部の歴史家は、現在わたしたちは不平等に依存している、と考えている。たとえばユヴァル・ノア・ハラリは「複雑な人間社会は、想像上のヒエラルキーと不正な差別を必要とするようだ」と書いている。(注34) そうした発言が、社会のトップから歓迎されることは、あなたもおわかりだろう)。

だがわたしの興味を引くのは、世界中の人々が、族長や王が登場した後も、リーダーを抑制する方法を探し続けたことだ。その明白な方法の一つは革命だ。フランス革命(一七八九年)からロシア革命(一九一七年)、アラブの春(二〇一一年)に到るまで、あらゆる革命は、同じ目的に支えられていた。大衆は暴君を倒そうとしたのだ。

しかし、多くの革命は最終的に失敗する。専制君主が倒されると、すぐ新たなリーダーが登場し、権力を渇望し始めるからだ。フランス革命の後、それはナポレオンだった。ロシア革命後は、レーニンとスターリンだ。エジプトもまた、別の独裁者に支配された。社会学者はこれを「寡頭制の鉄則」(社会集団においては必然的に少数者が多数者を支配すること)と呼ぶ。自由と平等という高邁な理想を抱いた社会主義者や共産主義者でさえ、強すぎる権力を握ると、その不健全な影響を受けずにはいられなかった。

社会によっては、権力の分配システム、またの名を民主主義《デモクラシー》を構築することによって、これに対処してきた。民主主義はその名が示唆する通り、(古代ギリシア語で demos は「人々」を、kratos は「権力」を意味した)統治するのは民だが、常にそうなるとは限らない。

ルソーは早々と、民主主義制度はより正確には「選挙制貴族制度」であることを見抜いていた。なぜなら民衆はまったく力を持っていなかったからだ。代わりに、民衆に許されたのは、誰が自分たちを支配するかを決めることだけだった。このモデルは本来、庶民を排除するために設計されたことも知っておくべきだ。たとえば合衆国憲法について、歴史家は総じて、「本質的に貴族が定めた文書であり、その時代の民主的な傾向を抑制するために作られた」と考えている。(注35) 庶民が政治で積極的な役割を果たすことを、建国の父は意図していなかった。今でさえ、市民は誰でも公職に立候補できるが、献金者とロビイストの貴族的ネットワークとのつながりがなければ、選挙に勝つのは難しい。アメリカの「民主主義」に王朝的な傾向が見られるのは当然だ。ケネディ家、クリントン夫妻、ブッシュ父子について考えてみよう。

わたしたちは良いリーダーを持ちたいと願うが、その望みが打ち砕かれることがあまりにも多い。ケルトナーによると、その理由は、優しく親切な人だから、とリーダーに選ばれても、権力のせいでそれらの美徳を失うか、あるいは本来そうした美徳を備えていないかのどちらかだ。階層的な社会では、マキャヴェッリ主義者が勝つ。なぜなら、彼らはライバルを打ち負かす究極の秘密兵器を持っているからだ。

それは、恥を知らないことだ。

本書では、ホモ・パピーが羞恥心を持つように進化したことを見てきた。動物王国のすべての種のなかで、わたしたちは顔を赤らめるわずかな種の一つだ。それには理由がある。数千年間、恥入らせることは、リーダーを飼い慣らす最も確実な方法だった。今日もその戦略は機能し、恥はルールや規制や検閲や強制より効果がある。なぜなら、恥を知る人は自制するからだ。期待を裏切った時に口ごもったり、あるいは、自分が噂話の対象になっていることを知った時に赤面するのは、その表れである(注36)。
明らかに、恥には暗い側面もある（たとえば貧困によって引き起こされる恥など）。しかし、羞恥心がなければ、社会がどうなるか、想像してほしい。まさに地獄のようになるだろう。

残念ながら、恥を感じることのできない人は常にいるものだ。権力に溺れているか、あるいは、ごく少数の先天的な社会病質者（ソシオパス）かのどちらかだ。そうした人間は、移動民の中では長く生きられない。集団から追放され、置き去りにされて息絶えるしかない。しかし現代の複雑な社会組織においては、社会病質者が出世の階段を早くのぼりがちだ。調査によると、診断可能な社会病質者は、一般の人々では一パーセントしかいないが、ＣＥＯでは四〜八パーセントもいる(注37)。

現代の民主主義社会において、恥を知らないことは、その人にとってプラスに働く。羞恥心に邪魔されない政治家は、他人があえてしようとしないことを、堂々と行うことができる。あなたは、自国の最も優秀な思想家だと自称するだろうか、あるいは、抜群の性的能力を自慢するだろうか。あなたは自分の嘘がばれていることを知りながら、平然と嘘を重ねることができるだろうか。そんなことをしたら、多くの人は羞恥心に囚われるだろう。多くの人が最後のクッキーを皿に残すのと同じだ。しかし、無恥な人々は無欲ではない。しかも、無恥な政治家の図々しい振る舞いは、例外的で不合理なものにスポットライトを当てる現代のメディアにとって、格好のネタになる。

このタイプの世界でトップに立つのは、友好的で共感力のあるリーダーではなく、正反対の人間、すなわち、恥を知らないせいで生き残った人間なのだ。

第12章 啓蒙主義が取り違えたもの

1 史上最大の過ちへの抗争

わたしは、権力の心理学を探求するうちに、本書の序章の物語を思い出した。そして、突き詰めると、これまでの章の教訓はすべて、大空襲《ブリッツ》の時にロンドンで何が起きたかという物語に見いだせることに気づき、驚いた。

イギリス当局は、広範なパニックが起きることを予測した。略奪。暴動。たしかにブリッツのような災難は、人間の内なる獣を引き出し、万人の万人に対する闘争を駆り立てるように思える。だが、真実はその逆だった。災難は人間の最善の部分を引き出した。あたかも集団のリセットスイッチが押されたかのように、人々はよりよい自己に立ち返った。

ブリッツの二つ目の教えは、人間が身内びいきであることだ。ロンドン市民は、空爆時の自分たちの勇気は英国人ならではのものであり、自分たちの回復力《レジリエンス》は、我慢強さや冷笑的《シニカル》なユーモアと同じく、英国人の特質にして優れた文化の一要素だと考えた。第10章では、この種の集団バイアスが人間の特徴であることを確認した。人間は、「わたしたち」と「彼ら」の観点から考える傾向がきわめて強い。戦争の悲劇性は、人間の最良の要素である忠誠心、仲間意識、連帯感が、人間に武器を取らせることにある。

とはいえ、ひとたび前線に立つと、わたしたちは往々にして怒りを失う。第4章と第10章では、人は本来、暴力を嫌悪することを見てきた。何世紀にもわたって、多くの兵士は引き金を引くことさえできなかった。銃剣は役に立たなかった。犠牲者の大半は、その姿を見る必要のないパイロットや射撃手によって、遠くから攻撃されたのだった。これもまたブリッツの教訓であり、あの時、きわめて残酷な攻撃は上空からなされた。

その後、英国がドイツへの爆撃作戦を目論んだ時には、権力の不健全な影響がその醜い頭をもたげた。チャーチルの側近フレデリック・リンデマンは、爆撃で敵の戦意をくじくことはできないという証拠をすべて無視した。彼は、ドイツは屈服すると決め込んでいて、誰であれ異論を唱える人を裏切り者と見なした。

「戦略爆撃がほとんど反対されなかったという事実は、権力による催眠の典型だ」と、後世の歴史学者は述べた。(注1)

このことは最終的に、ホッブズとルソーが提起した問いの答えをもたらす。そう、人間の本性は善か悪か、という問いだ。

この答えには二面性があるが、それはホモ・パピーが矛盾した生き物だからだ。まず、わたしたちは動物界で最も友好的な種の一つだ。過去の大半の期間、わたしたちは王も貴族も大統領もCEOもいない平等主義の世界で暮らした。時々、個人が権力の座につくことはあったが、第11章で見たように、彼らはじきに失脚した。

見知らぬ人に対する本能的な警戒心は、長年にわたって特に問題ではなかった。わたしたちは友人の名前と顔を知っており、見知らぬ人と不意に出会っても、容易に自分との共通点を見いだした。人々を対立させる宣伝やプロパガンダはなされず、ニュースも戦争もなかった。ある集団から別の集団に移るのは自由で、そうするうちに、より広いネットワークが構築された。

しかし、一万年前に問題が発生した。

人間が一か所に定住し、私有財産を蓄えるようになった時から、集団本能は無害ではなくなった。資源が限られていることと階層性とが結びついて、それは急に毒を帯び始めた。そして、ひとたびリーダーが軍隊を育てて思い通りに動かすようになると、権力の腐敗は歯止めがきかなくなった。

農民と戦士、都市と国家からなるこの新しい世界で、わたしたちは他者への共感と外国人恐怖症との板挟みになり、多くは自らの集団への帰属意識を優先して、アウトサイダーを排斥した。この世界でリーダーの命令に背くのは難しかった。たとえその命令がわたしたちに歴史上の間違った道を歩ませることになるとしても。

文明の夜明けとともに、ホモ・パピーの最も醜い面が現れてきた。歴史書はイスラエル人とローマ人、フン族とバンダル族、カトリックとプロテスタント、その他多くの集団による大虐殺を無数に記録している。名称は変わっても、メカニズムは同じだ。すなわち、仲間意識に駆り立てられ、冷血なリーダーに扇動されて、人間は互いに対して残忍極まりないことをするのだ。

これが数千年にわたる人間の苦境である。文明の歴史は、史上最大の過《あやま》ちに抗する壮大な闘争と見なすこともできる。ホモ・パピーは生息地から引き離されてきた。以来、埋めがたい「ミスマッチ」を克服するために、自分を変えようとしてきた。数千年にわたって、文明化の呪い——第5章で述べた疾病、戦争、圧政の呪い——を解くために、懸命に努力してきた。

そしてようやく最近になって、その努力が実を結んだように思えた。

2 利己性にもとづく社会をつくる

一七世紀初頭、現在「啓蒙主義」と呼ばれるものが始まった。それは哲学的な革命だった。啓蒙思想家は、法の支配から民主主義、教育、科学まで、現代の世界の基礎を築いた。

一見、トマス・ホッブズのような啓蒙思想家は、当時の司祭や牧師とあまり変わらないように見える。いずれも、人間の本性は堕落しているという前提に基づいて活動した。スコットランドの啓蒙思想家デイヴィッド・ヒュームの「人は皆、自分の利益しか考えない悪人と

見なされるべきだ」という言葉は、啓蒙主義の人間観を一言で言い表している。(注2)

しかし、司祭や牧師と違って、啓蒙思想家は、利己主義を生産的に利用する方法がある、と説いた。人間には、そうした欠点を補って余りある天与の才があり、それが他の動物との大きな違いだ、と彼らは主張した。わたしたちが一縷《いちる》の望みを託せるのは、この天与の才だ。すなわち、理性である。

共感でも、感情でも、信念でもなく、理性。啓蒙主義の思想家が唯一信頼したのは、理性、つまり、合理的な思考だった。人間は自らの生来の利己性を考慮に入れた知的な制度を設計できると、彼らは信じた。人間は自らの暗い本能を啓蒙的な層で覆うことができる、より正確に言えば、自らの悪い性質を利用して、公益に奉仕することができる、と彼らは信じたのである。

啓蒙思想家が肯定した罪があるとしたら、それは貪欲さだ。彼らはそれを「私悪すなわち公益」(注3)というモットーのもとに喧伝した。このモットーは、個人レベルでは反社会的な行動が、全体としては社会に利益をもたらす、という独創的な概念を表したものだ。啓蒙主義の経済学者アダム・スミスはこの考えを、古典となった著書『国富論』(一七七六年)で発表し、同書は自由市場の原則を擁護する最初の本になった。よく知られる通り、彼は次のように書いた。「わたしたちが食事を期待できるのは肉屋や酒屋やパン屋の善意ゆえではなく、彼らが自らの利益を追求するからである。(相手の協力を得るには)相手の人間性にではなく、利己心に訴え、自分が何を必要としているかではなく、相手にとって何が得になるかを説明したほうが良い」

利己心は抑制するのではなく、解放するべきだ、と近代の経済学者たちは主張した。こうして、富への欲望は、どの牧師にもできなかったことを成し遂げた。すなわち、全世界の人々を一つにまとめたのである。今日、スーパーマーケットで食料品の代金を支払う時、わたしたちは、ショッピングカートに入れた物の生産や流通に貢献した数千人の人々と協働している。その働きのすべては、善意からではなく、自分のためなのだ。

啓蒙思想家は同じ原理を用いて、現代の民主主義モデルを補強した。合衆国憲法を見てみよう。それは現在も有効な、世界最古の例だ。建国の父祖によって起草されたこの憲法は、人間の本性である利己心は抑制されなければならないという悲観的な見方を前提とする。この目的のために彼らは、誰もが他のすべての人を監視する「抑制と均衡」のシステムを設定した。

その土台となっている考えは、政府機関（上院と下院、ホワイトハウスと最高裁判所）の権力者（右派と左派、共和党員と民主党員）が互いを監視すれば、アメリカ国民は堕落した気質にもかかわらず互いと調和して生きることができるというものだ。（注4）そして、堕落しやすい政治家を制御する唯一の方法は、他の政治家と対立させてバランスをとることだと、これらの理性主義者たちは信じた。アメリカの政治家ジェイムズ・マディソンに言わせれば、「野望には野望をもって対抗させなければならない」。

一方、この時代には、現代的な法の支配も誕生した。法は人間の暗い本能をコントロールするもう一つの解毒剤になった。なぜなら、法の女神は定義上、盲目とされるからだ。正義は、共感にも愛にも、あらゆる偏見にも縛られず、理性によってのみ支配される。同様に、新たな官僚制度も理性を土台とし、規則と法に支配された。

以来、宗教や信条に関係なく、誰とでもビジネスを行えるようになった。その副次的影響として、法が支配する国では規制や契約の遵守が重んじられるようになり、復讐する神への信仰は衰退した。父なる神の役割は、国家への信頼に取って代わられたのだ。同時に、宗教ははるかに親しみやすい振る舞いをするようになった。今日、神の裁きに従う国はほとんどなく、教皇は、残虐な十字軍を招集するのではなく、「優しさの革命」について心温まるスピーチを行う。(注5)

デンマークやスウェーデンのような国に無神論者が多いのは、偶然だろうか。これらの国では、法による支配が堅牢で、官僚機構は信頼できる。(注6)このような国では、宗教はその地位を追われた。かつて大量生産が伝統的な工芸職人を脇に追いやったように、官僚制度が神の職を奪ったのだ。

そして、今、理性の時代に入ってから数世紀が過ぎた。あらゆることを考慮すると、啓蒙主義は人類にとって勝利であり、資本主義、民主主義、法による支配をもたらしたと言わざるを得ない。統計の数字は明らかだ。わたしたちの生活は飛躍的に向上し、世界はかつてないほど豊かで、安全になり、人々は健康的になった。(注7)

ほんの二〇〇年前には、どこの国でも、わずかなエリート層をのぞくと、人々は極度に貧しい生活を送っていた。今日、そうした生活を送るのは世界人口の一〇%以下だ。また、わたしたちは感染症の大半を克服した。加えて、ニュースを見ていると、そうは思えないかも

しれないが、この数十年で、子どもの死亡、飢餓、殺人、戦死者の割合は、みごとなまでに急落した。（注8）

見知らぬ人を信用しないわたしたちが、どうすれば人と調和して生きられるのだろう。また、どうすれば、一万年にわたってわたしたちを苦しめてきた文明化、疾病、奴隷制度、抑圧の呪縛から逃れられるのだろう。啓蒙主義が説く冷たく堅い理性が、この旧来のジレンマに答えをもたらした。

それは最善の答えだった――これまでのところ。

正直言って、啓蒙にも暗い側面があった。過去数世紀の間にわたしたちは、資本主義は暴走することがあり、社会病質者が権力を握ることもあり、規則と慣習《プロトコル》が支配する社会は個人にほとんど配慮しないことを学んだ。

啓蒙主義はわたしたちに平等をもたらしたが人種差別主義も発明した、と歴史学者は指摘する。初めて人類を「人種」に分類したのは、一八世紀の哲学者だった。例えば、デイヴィッド・ヒュームは、「ニグロ（中略）は、生来、白人より劣っていると自分には思える」と書いた。フランスではヴォルテールが同意した。「黒人の理解力は、白人のそれと異なる性質でないとしても、少なくとも大幅に劣っている」。

このような人種差別的な思考は、法律と行動規範に組み込まれた。アメリカ独立宣言に「全ての人間は平等に造られている」という不朽の言葉を残したトマス・ジェファーソンは、奴隷を所有していた。彼はこうも言った。「黒人が単純な説明を超える考えを述べるのを、わたしは聞いたことがない」

その後、歴史上最も残忍な衝突が起きた。ホロコーストだ。それは啓蒙主義を育てた国で、超近代的な官僚機構によって遂行された。強制収容所はナチス親衛隊本部の「経済行政局」が任務として運営した。従って現在、多くの学者は、六〇〇万人のユダヤ人虐殺を、残忍さの極みとしてだけでなく、現代性の極みと見なしている。(注9)

啓蒙主義の矛盾は、その人間描写にくっきりと浮かび上がる。表面的には、デイヴィッド・ヒュームやアダム・スミスのような哲学者の見解は、冷笑的だった。彼らが導いた資本主義、民主主義、法による支配は、人間は利己的だという原則に基づいている。しかし、啓蒙主義者の著書を読むと、彼らは決して頑固な冷笑家などではなかったことがわかる。（資本主義者のバイブルになる）『国富論』出版の一七年前、アダム・スミスは『道徳感情論』と題した本を書いた。その中に次の一節が見られる。

人間がどれほど利己的に思えても、その本性には、他人の幸運に関心を寄せ、他人の幸福を求めるという原則が見られる。それによって得られるのは、他人の幸福を眺める喜びだけなのだが。

スミスやヒュームのような影響力のある啓蒙主義者が、人間には共感や利他性を示す高い能力があることを強調し、人間の立派な資質を認めているのに、なぜ、彼らが築いた機関（民主主義、貿易、産業）は、往々にして悲観主義を前提としているだろう。啓蒙主義者はなぜ、人間の本性について否定的な見方を育み続けたのだろう。

その答えは、スコットランドの哲学者デイヴィッド・ヒュームの著書に見つけることができる。ヒュームは啓蒙思想におけるこの矛盾をはっきりと述べている。

「ゆえに、すべての人を信用できない悪党と見なすべきだというのは、政治的な公理に過ぎない。しかし、政治的に真理であるべき公理が実際には虚偽であるのは、どこか奇妙に思える」。

言い換えれば、人間の本性は利己的で「あるかのように」、わたしたちは行動すべきだとヒュームは考えていたのだ。そうではないと知っていても。これに気づいた時、一つの言葉がわたしの頭に浮かんだ。「ノセボ」だ。啓蒙主義、ひいては現代社会は、間違っていたのだろうか。わたしたちは、人間の本性についての間違ったモデルに基づいて活動しているのだろうか。

第1章で、何かを信じるとそれが現実になること、悲観論が自己成就的予言になることを見た。近代の経済学者が、人間は生来利己的だと仮定した時、彼らは利己的な行為を助長する政策を擁護した。政治家が政治は冷笑的なゲームだと思い込んだ時、それはまさにそうなった。

したがって、今、わたしたちは問わなければならない。そうでなければ、状況は違っていただろうか、と。

わたしたちは、頭を使い、理性を活用して、新しい制度を設計することができるだろうか。人間の本性についてこれまでとは異なる見解に基づく制度を設計できるだろうか。学校や企業、都市や国家が、最悪な人間ではなく、最良の人間を想定したら、どうなるだろう。本書の残りの部分では、これらの問いに焦点を絞る。

Part 4

新たなリアリズム

A NEW REALISM

「それゆえわたしたちはある意味、理想主義者でなければならないが、それは、そうなって初めて、真の現実主義者《リアリスト》になれるからだ」

ヴィクトール・フランクル（1905-1997）

1　疑う意思vs信じる意思

初めて哲学の講義に出席した時、わたしは一九歳だった。その朝、ユトレヒト大学の講堂の明るい蛍光灯の下に座ったわたしは、英国の数学者で哲学者だったバートランド・ラッセル（一八七二〜一九七〇）について学んだ。たちまち彼はわたしのヒーローになった。

ラッセルは明晰な論理学者で、改革的な学校を創設しただけでなく、時代に先んじて同性愛を擁護し、また、ロシア革命が無残な結果に終わることを予見した。自由思想家にして反戦活動家で、六〇冊を超す著書と二〇〇〇を超す記事を著し、ノーベル文学賞を受賞した。航空機墜落事故で生き残り、八九歳にして反核デモのために投獄されてもいる。

ラッセルに関して、わたしが最も心を打たれたのは、知的誠実さ、真実に対する誠実さだった。人間には自分にとって都合のいいことを信じやすい性癖があることを彼はよく知っていて、生涯を通じてその性癖に抵抗した。また彼は、多大なコストが伴うことを知りながら、幾度となく流れに逆らった。ある声明は特にわたしの心に残っている。一九五九年、ＢＢＣはラッセルに、将来の世代のためのアドバイスを求めた。彼はこう答えた。

「哲学について学んだり考えたりする時には、何が事実で、その事実が裏づける真実は何であるかだけを自分に問いなさい。自分が信じたいと思うもの、あるいはそれを信じたら社会に良い影響があると思えるものに惹かれることなく、事実だけを見なさい」

この言葉にわたしは大いに影響された。この言葉を知ったのは、自らの神への信仰に疑問を持ち始めた頃のことだった。しかし、牧師の息子で、キリスト者学生会のメンバーでもあるわたしは、その疑念に背を向けがちだった。自分が何を望んでいるかをわたしは知っていた。それは死後の世界の存在である。なぜなら、そこでは世界の誤りのすべてが正され、わたしたちはこの地球に孤立する存在ではなくなるからだ。

しかし、以来、ラッセルの警告はわたしの頭から離れなくなった。「自分が信じたいと思うものに惹かれてはならない」

本書の執筆において、わたしは最善を尽くしてきた。

ラッセルの警告に従うことができただろうか。おそらくできたと思うが、それほど自信があるわけでもない。実のところ、道から逸れないためには、多くの批判的な読者の助けが必要だった。とはいえ、再びラッセルの言葉を引用すれば、「わたしたちの信念はいずれも完全な真実ではない。どれにも曖昧さや、いくらかの誤りがある」。したがって、できる限り真実に近づきたいのであれば、断定を避け、一歩進むごとに自問しなければならない。「疑う意思（The Will to Doubt）」、ラッセルはこのアプローチをそう呼んだ。

ラッセルについて知ってから何年もたたないうちに、その言葉が、他の人の言葉のもじりであることを知った。ラッセルが「疑う意思」と言ったのは、アメリカ人哲学者ウィリアム・ジェイムズ（一八四二〜一九一〇）への反意を示すためだった。

そして今あなたにお伝えしたいのは、その人のことだ。ウィリアム・ジェイムズは、セオドア・ルーズベルト、ガートルード・スタイン、W.E.B.ドゥ・ボイスはじめ、多くのアメリカの指導者のメンターだった。ジェイムズは人好きのする人物で、彼に会ったラッセルによると、「暖かな優しさに溢れる人」だった。

しかし、ラッセルはジェイムズの思想には魅了されなかった。一八九六年、ジェイムズは講演を行ったが、それは疑う意思についてではなく、「信じる意思（The Will to Believe）」についてのものだった。ジェイムズは、この世には、真実だと証明できなくても、信じるしかないものがある、と公言した。

友情を取り上げよう。もしあなたがある人を疑っていたら、その人に嫌われるような振舞いをするはずだ。友情や愛や信頼や忠誠心といったものは、わたしたちがそれらを信じる「からこそ」真実になる。ジェイムズは、信じていたことが後に誤りだとわかることもある、としながらも、「希望の末の欺瞞《ぎまん》」の方が「恐れの末の欺瞞」より好ましい、と主張した。

ラッセルはこの種の盲信を好まなかった。彼はジェイムズという人物を好んだのと同等に、ジェイムズの哲学を嫌った。真実に希望的観測があってはならない、とラッセルは断言した。この言葉は何年にもわたって、わたしの座右の銘になった——疑うことは本当に良いことなのだろうか、と疑い始めるまで。

2 ピグマリオン効果

一九六三年、ラッセルがＢＢＣのインタビューを受けた四年後のことだ。

ハーバード大学の若き心理学者ロバート・ローゼンタールは、ちょっとした実験をやってみることにした。ラットのケージを二つ並べ、一方には、「特別な訓練を受けた利口なラット」と表示し、もう一方には、「うすのろで愚かなラット」と表示した。

その日の午後、ローゼンタールは学生たちに、この二種類のラットをそれぞれ迷路に入れて、ゴールにたどり着くまでにかかった時間を記録するよう指示した。彼が学生たちに告げなかったのは、これらのラットはいずれも特別なラットではなく、普通の実験用ラットだったことだ。

だが、妙なことが起きた。利口で素早いと学生たちが「信じた」ラットの方が、成績が良かったのだ。まるで魔法のようだった。「利口な」ラットは「愚かな」対照群とは何の違いもないはずなのに、成績は大幅に良かった。

当初は誰もローゼンタールが出した結果を信じようとしなかった。「この結果を発表するのには苦労した」と数十年後に彼は回顧する。(注1)そこに神秘的な力は働いておらず、完全に合理的な説明ができることを、彼自身、最初は受け入れることができなかった。ようやく彼が理解したのは、学生たちが「利口な」ラット、つまり、大いに期待するラットを、より温かく優しく扱ったことだ。この扱いがラットの行動を変えて、成績を向上させたのである。

この実験は、ローゼンタールの心に過激なアイデアを芽生えさせた。目には見えないが根本的な力を自分は発見したと彼は確信し、アメリカン・サイエンティスト誌上で次のように語った。「もし、期待されたラットが利口になるのなら、教師から期待された子どもが、利口になると考えるのは、飛躍のしすぎではないだろう」

数週間後、一通の手紙が彼の元に届いた。サンフランシスコのスプルース小学校の校長からだった。彼女はローゼンタールの記事を読んだそうで、手紙には「お手伝いできるかどうか、お知らせください」と書かれていた。(注2)ローゼンタールが断るはずもなかった。彼はさっそく新たな実験の設計に取りかかった。今回、被験者はラットではなく、子どもたちだ。

新学年が始まった時、スプルース小学校の教師たちは、ローゼンタール博士という高名な科学者が、自校の児童を対象として知能テストを行うことを知らされた。この「習得度想定テスト」は、今後一年で最も成績が伸びる児童を割り出すためのテストだと説明された。

実を言うとそれはごく普通の知能テストで、得点が集計されると、ローゼンタールとチームは、それらを全て捨てた。そして「(この子は)成績が大いに向上する」と教師に伝える子どもを、コイン投げで決めた。残りの子どもについては何も言わなかった。

思った通り、期待の力はすみやかに魔法を発揮し始めた。教師たちは「成績が伸びる」と言われた子どもたちに、より多くの関心を寄せ、より多くの励ましと称賛を与え、結果として子どもが自分をどう見るかを変えた。その効果は学年が低いほど顕著で、知能指数は、一年で平均二七ポイントも上昇した。最も大幅に向上したのはラテン系の男児たちで、カリフォルニア州では通常、最も期待されないグループだった。(注3)

ローゼンタールは自分の発見を「ピグマリオン効果」と名づけた。キプロス島の王ピグマリオンが、自分が作った彫刻の女性にあまりにも夢中になったため、神がその彫刻に命を吹き込んだという、ギリシア神話に因む名称だ。わたしたちが抱く信念は、真実であっても想像であっても、同様に命が吹き込まれ、世界に変化をもたらす。ピグマリオン効果はプラセボ効果(第1章で論じた)に似ているが、自分にではなく、他者に利益をもたらす。

当初、わたしは、一九六〇年代にマスコミを賑わせた多くの実験と同じく、ローゼンタールの実験も、今では誤りが暴かれているはずだと思った。

それはとんでもない間違いだった。五〇年たった今でも、ピグマリオン効果は心理学研究における重要な知見であり続けている。軍隊、大学、裁判所、家庭、老人ホーム、組織内での数百の研究によってそれは検証されてきた。(注4)正直なところ、その効果は常にローゼンタールが考えていたほど強力なわけではなく、特に子どもの知能テストの成績に関してはそうだ。それでもなお、二〇〇五年に出された批判的なレビュー研究さえ、こう結論づけた。「豊富な自然主義的で実験的な証拠は、教師の期待が——少なくとも時々は——生徒に影響することを示している」(注5)。高い期待は強力なツールになり得る。経営者がそのツールを使うと、従業員のパフォーマンスは向上する。将校が使うと、兵士はさらに激しく闘う。看護師が使うと、患者は回復が早まる。

しかし、ローゼンタールの発見は、彼とそのチームが望んだ革命を起こさなかった。「ピグマリオン効果は偉大な科学だが、活用されていない」と、イスラエルのある心理学者は嘆いた。「この世界で、出して当然の成果を出しておらず、それが非常に残念だ」(注6)

さらに悪い知らせがある。ポジティブな期待が現実になるのと同様に、悪夢も現実になる可能性があるのだ。ピグマリオン効果の裏面はゴーレム効果と呼ばれる。ゴーレムはユダヤ教の伝説に登場する怪物で、プラハの市民を守るはずが、夜な夜な街を破壊したと伝えられる。ピグマリオン効果と同様に、ゴーレム効果も至るところに見られる。誰かについてマイナスの期待を抱いている時、わたしたちはその人をあまり見ようとしない。その人とは距離をおくだろうし、笑いかけることもない。基本的に、ローゼンタールの学生たちが「愚かな」ラットを迷路に入れた時のような扱いをするのだ。

ゴーレム効果についてはあまり研究されていない。被験者を否定的な予想にさらすのは倫理的に問題があるので、当然だろう。だが、数少ない事実は衝撃的だ。一九三九年、アイオワ州ダベンポートで心理学者ウェンデル・ジョンソンが行った研究をとりあげよう。彼は二〇人の孤児を二つのグループに分け、一方のグループには、きみたちは上手にはっきり話すことができる、と語り、もう一方のグループには、きみたちは将来どもるようになる、と語った。現在、「モンスター研究」と呼ばれる悪名高いこの研究は、数人の孤児に生涯続く発音障害を残した（注7）。

ゴーレム効果は一種のノセボだ。このノセボは、劣った生徒をさらに落ちこぼれにし、ホームレスに希望を失わせ、孤立したティーンエイジャーを過激化させる。ゴーレム効果は、人種差別主義の背後にある狡猾なメカニズムでもある。なぜなら人は、あまり期待されないとベストを尽くそうとしなくなり、それが周囲の期待をさらに減らし、パフォーマンスはいっそう下がるからだ。ゴーレム効果と否定的な予想の冷酷なサイクルが組織全体を疲弊させることを示唆する証拠もある（注8）。

3　多元的無知

ピグマリオン効果とゴーレム効果はこの世界の構造に織り込まれている。日々、わたしたちはお互いを、より賢く、あるいはより愚かに、より強く、あるいはより弱く、より速く、あるいはより遅くしている。他者への期待は、視線やボディランゲージ、声の調子に自ずと表れる。わたしのあなたに対する期待は、あなたに対するわたしの態度に影響し、それがあなたのわたしに対する期待に影響し、ひいてはわたしに対する態度に影響する。

これは人間の本性に関わることだ。ホモ・パピーはアンテナのようなもので、常に他者に同調する。誰かがドアに指を挟むと、ぎょっとする。サーカスの芸人が細い綱の上でバランスをとると、胃が痛くなる。誰かがあくびをすると、ついあくびをしてしまう。わたしたちは互いを真似るよう配線されているのだ。

大半の場合、人真似は良い結果をもたらす。皆がダンスフロアで大いに楽しむ時のように、真似ることはつながりと暖かな雰囲気を育む。そういうわけで、他者を真似るわたしたちの本能は肯定的に見られがちだが、この本能は二つの方向に作用する。わたしたちが真似るのは、良いことばかりではない。憎悪、羨望、強欲のような否定的な感情も真似る。(注9)そして、互いの暗い思考を、他の人々も皆そう考えていると思い込むと、悲惨な結果がもたらされ得る。

経済のバブルはその一例だ。一九三六年、英国の経済学者ジョン・メイナード・ケインズは、金融市場と美人コンテストには明らかな類似が見られると結論づけた。あなたは審査員で、一〇〇名の出場者を審査すると想像しよう。その場合、あなたは自分の好みで選ぶのではなく、他の人々が好むはずの人を選ばなければならない。(注10)この種の状況では、わたしたちは他の人が考えていることを推測する。同様に、誰もが株価は上がると思っている、と誰もが考えていると、株価は上がる。これが長期間続くこともあるが、最終的にバブルははじける。例えば、一六三七年にオランダではチューリップバブルが起きて、球根一個が、熟練職人の年俸の一〇倍以上の価格で売買されたが、まもなくこのバブルははじけて、球根は無価値になった。

この種のバブルは、経済界に限らず、どの分野でも起きる。デューク大学の心理学と行動経済学の教授、ダン・アリエリーは、大学での講義中にみごとなデモンストレーションを行った。行動経済学を説明するために、彼は極めて専門的に聞こえる定義を語った。しかし実を言うと、彼が用いた単語とセンテンスは、コンピュータがランダムな単語とセンテンスから生成したもので、「弁証法的不可解説《ダイアレクティク・エニグマティック・セオリー》」とか、「新脱構築的理性主義《ネオデコンストラクティブ・ラショナリズム》」といった意味不明なものだった。

デューク大学は世界屈指の名門大学だが、学生たちは、この滅茶苦茶な講義に聞き入った。数分が過ぎた。誰も笑わなかった。誰も手を挙げなかった。わからないことを態度で示す学生はいなかった。

「そして、これが大きな問いをもたらす」と、アリエリーは結論づけた。「なぜ誰も、わたしが語っている#$?@!とは何のことか、と尋ねなかったのだろう(注11)」

心理学の世界では、この教室で起きたことは多元的無知《プルラリスティック・イグノランス》として知られる。いや、これはコンピュータが生成した言葉ではない。アリエリーの学生たちは皆、講義についていけないと感じていたが、級友が熱心に聞き入っているのを見て、自分に問題があると思い込んだのだ（この現象は、「ネットワーク社会における破壊的共創《ディストラクティブ・コークリエーション》」といったテーマの会議に出席したことのある読者には覚えがあるはずだ）。

この例は無害だが、多元的無知の影響は時として悲惨で、致命的でさえある。飲酒について考えてみよう。大学生の大半は、人事不省になるほどの飲酒は好きではないと言うはずだ。しかし、他の学生は飲酒が大好きだ、と思い込んでいるので、自分もそれに合わせようとして、結局、道端に吐くことになる。

研究者はこの種のネガティブな連鎖が人種差別、集団レイプ、名誉殺人、テロリストや独裁政権の支援、さらには大虐殺などの、深い社会悪の要因になることを示すデータを、大量に蓄積してきた(注12)。人は、心の中ではこれらの行為を非難しながら、孤立することを恐れて、大勢に従おうとする。結局のところ、「ホモ・パピー」に苦手なことが一つあるとしたら、それは集団に抵抗することだ。わたしたちは、どれほど惨めな思いをしてでも、恥をかくことや、社会で居心地の悪い思いをすることを避けようとする。

これを知ってわたしはこう考えた。人間の本性についてのネガティブな見方は、多元的無知の一形態ではないのだろうか。ほとんどの人は利己的で強欲だという考え方は、他の人はそう考えているはずだという仮定から生まれたのではないだろうか。もしそうだとしたら、わたしたちは冷笑的な考え方を採用しながらも、心の奥底では、より優しく連帯感のある生活を求めているのではないだろうか。

わたしが時々思い出すのは、アリが円状に這う罠《わな》に陥ることだ。アリは互いのフェロモンの痕跡を追うようにプログラムされている。これは通常、アリに進むべき道を教えるが、場合によっては、アリたちが道を外れて、切れ目のない円を「周遊する」ことがある。数万匹のアリが直径数十メートルの円をひたすら回ることさえある。アリたちは終点のない行進を無闇に続け、ついには疲労と飢えに倒れる。

時として、家族や組織、さらには国全体が、この種のスパイラルに囚われているように見えることがある。わたしたちは互いについて最悪を想定しつつ、円状に歩み続ける。抵抗する人はほとんどおらず、わたしたちは破滅に向かって行進する。

ロバート・ローゼンタールがピグマリオン効果を発見してから五〇年以上たつが、今でも彼は、どうすれば期待の力を活用できるかを解明しようとしている。なぜなら彼は、憎しみと同じく信頼も伝染することを知っているからだ。

往々にして信頼は、誰かがあえて流れに逆らう時に始まる。当初その人は非常識で、世間知らずのように見える。本書の次の章では、そのような人を数名、紹介したい。スタッフに全幅の信頼を置く経営者。子どもたちを自由に遊ばせる教師。そして、有権者を創造的で熱心な市民と見なす公選者。

彼らはウィリアム・ジェイムズが「信じる意思」と呼んだものを燃料にして、自らがイメージする世界を再構築しようとしている。

第13章 内なるモチベーションの力

1 在宅ケア組織の成功

わたしはかなり前から、ヨス・デ・ブロークに会いたいと思っていた。デ・ブロークが始めた在宅ケア組織、ビュートゾルフの成功について読み、彼は新たな現実主義《リアリズム》、すなわち、人間の本性についての新たな見方を牽引する一人だと直感したからだ。

しかし、正直言って、初めて彼と話した時、偉大な思想家という印象は受けなかった。彼は大胆にも、マネージャーの仕事を全否定した。「マネージャーなんかクソ喰らえだ。スタッフにまかせておけばいいのさ」

はいはい、わかりました、好きに言えばいい、とあなたは思うだろう。しかし、じきに彼の言葉が冗談でないことに気づく。彼は、一万四〇〇〇人以上を雇用する組織を築き、大成功に導いた人物なのだ。ビュートゾルフはオランダで年間最優秀企業に五度選ばれ、彼に会うために、ニューヨークや東京の教授たちが遠路、アルメロの町までやってくる。
わたしはヨス・デ・ブロークが受けたインタビューに再び目を通すうちに、笑顔になった。

インタビュアー：モチベーションを上げるためにしていることはありますか？　スティーブ・ジョブズは毎朝、鏡に映る自分に「もし今日が人生最後の日なら、今やろうとしていることは本当に自分のやりたいことだろうか」と問いかけたそうですが。

ヨス：わたしも彼の本は読んだが、あんなのは嘘っぱちだ。(注1)

インタビュアー：ネットワーキング・セッション（人脈作りの集まり）に参加したことはありますか？

ヨス：そんなものの大半は何の役にも立たない。他人の意見を再確認するだけだ。わたしには向かない。(注2)

インタビュアー：どのようにして従業員のモチベーションを上げるのですか。

ヨス：何もしない。そんなことをしたら偉そうに見えるだろう？(注3)

インタビュアー：遠い目標は何ですか？　あなたとあなたのチームを鼓舞するはるかな目

標は？

ヨス：はるかな目標はない。あったとしても、鼓舞されないね。(注4)

信じられないかもしれないが、これはロンドンの王立芸術院のアルバート勲功賞《メダル》を受賞した人の言葉だ。同メダルの受賞者には、ワールド・ワイド・ウェブの父と呼ばれるティム・バーナーズ＝リー、DNAの構造を解明したフランシス・クリック、卓越した物理学者スティーブン・ホーキングといった錚々たる人物が名を連ねる。二〇一四年一一月、オランダの小村出身のヨス・デ・ブロークは、この栄誉あるメダルを受賞し、基調演説を行った。彼は片言の英語で、「初めは冗談だと思った」と明かした。

だが、冗談ではなかった。

受賞は遅すぎたくらいだ。

2　テイラーの経営哲学

デ・ブロークのアイデアがなぜ、DNAの構造解明に並ぶほど革命的なのかを理解するには、二〇世紀初頭にまでさかのぼらなければならない。それは経営学が誕生した時代だ。この新しい学問領域は、人は生来、強欲だというホッブズ的な人間観に基づいていた。したがって、従業員が道を踏み外さないようにするには、マネージャーが必要だった。そしてマネージャーは、従業員に正しい「刺激《インセンティブ》」を与えなければならない、と経営学は説く。銀行員にボーナスを出すのは、もっと働かせるためだ。失業手当が条件つきなのは、失業者をソファーから追い出すためだ。子どもたちを落第させるのは、来学期にもっと努力させるためだ。

興味深いのは、二〇世紀の二つの主要なイデオロギーである資本主義と共産主義が、この人間観を共有していたことだ。資本主義者も共産主義者も、人を行動させるには二つの方法しかない、それはニンジンと棍棒だ、と語る。資本主義者がニンジン（つまり、金）に頼る一方、共産主義者は主に棍棒（つまり、罰）に頼った。両者はあらゆる点で異なったが、同意できる一つの基本的前提があった。人は放っておくと、やる気にならない、というものだ。

あなたはこう考えているかもしれない。「いや、そんなことはない。わたしはいつもやる気まんまんだ」。

反論するつもりはない。確かにあなたは正しい。わたしが言いたいのは、人間は「他の人」はやる気がないと考えがちだ、ということだ。スタンフォード大学のチップ・ヒース教授はそれを「外因性インセンティブ・バイアス」と呼ぶ。つまり、人にやる気を起こさせるには報酬を与えるしかないと、わたしたちは決めつけているのだ。例えば、ヒースが法学生を対象として行った調査では、六四パーセントが、自分が法律を学ぶのは長年の夢だから、あるいは、法律に興味があるから、と答えた。しかし、他の学生の動機も同じだと考えている学生は、わずか一二パーセントだった。それ以外は？　彼らが法律を学ぶのは金を儲けるためだ、と考えていた。(注5)

資本主義の基盤になっているのは、この冷笑的《シニカル》な人間観だ。世界初の経営コンサルタントの一人であるフレデリック・テイラーは一〇〇年ほど前に「労働者が雇用主に何より求めるのは、高い賃金だ」と主張した。[注6]テイラーは「科学的管理法」の考案者として名を成した。その管理法は、工場を効率的に稼働させるにはパフォーマンスをできるだけ正確に測定しなければならない、と説く。そのためにマネージャーは、ストップウォッチ片手に生産ラインの各所に張りつき、工員がねじを締めたり箱詰めしたりするのにかかる時間を計測する。テイラーは、理想的な従業員を、脳を持たないロボットになぞらえ、「愚かで、鈍重で、ほぼ雄牛に近い」と評した。[注7]

この何ともありがたいメッセージと共に、テイラーは最も著名な経営学者の一人になっていった。二〇世紀初頭、全世界が彼のアイデアに強く惹かれた。共産主義者もファシストも資本主義者も、である。レーニンからムッソリーニ、ルノーからシーメンスに至るまで、テイラーの経営哲学は拡散していった。テイラーの伝記作家によると、テイラー主義は「ウイルスのように、ほぼすべての場所に侵入した」。[注8]

もちろん、テイラーの時代から今までに多くのことが変わった。現在では、ビーチサンダルで出勤しても平気なスタートアップ企業がたくさんある。多くの労働者は、労働時間を自分で設定できる。しかし、テイラーの人間観と、人々を動かすのはニンジンと棍棒だけという信念は、相変わらず蔓延している。テイラー主義は、タイムシート、請求可能時間、重要業績評価指標、医師の成果報酬プログラム、すべての動きがＣＣＴＶ（有線テレビ）で監視される倉庫職員に生きている。

3　金銭的インセンティブはモチベーションを下げる

テイラー主義に対する最初の異議は、一九六九年夏に小さなつぶやきとして唱えられた。

エドワード・デシは、博士号に取り組む若い心理学者で、当時その分野は「行動主義」の虜《とりこ》になっていた。行動主義は、テイラーの学説と同じく、人間を怠惰な生き物と見なし、人間を行動に駆り立てるのは、報酬の約束か、罰への恐怖だけだと考えた。

しかしデシは、この学説は現実にそぐわないと感じていた。結局、人間は行動主義者の見解に適応しない、あらゆる種類のばかげたことをしている。登山（辛い！）、ボランティア活動（無料！）、子どもを持つ（激務！）。一文の得にもならないことや、疲れるだけのことを、わたしたちは自ら望んで、継続的に行っている。なぜだろう。

その夏、デシは、場合によってニンジンと棍棒は「怠惰」を引き起こすことがあるという、奇妙な例外に遭遇した。彼は学生の被験者に、パズルを解くというタスクを与えた。しかし、報酬として一ドルを与えると、とたんに彼らはやる気をなくした。「お金はたしかに効くようだ」と後にデシは説明した。「ある活動へのモチベーションを下げるためには」(注9)

この仮説はあまりにも革命的だったので、経済学者たちは真っ向から否定した。「金銭的なインセンティブは間違いなくモチベーションを高める。ある学生がパズルを解くのを楽しんでいるのであれば、報酬はその学生をさらに夢中にさせる」と彼らは言い張った。心理学者たちも同様に、デシとそのアイデアを軽蔑した。デシの共同研究者で親友でもあるリチャード・ライアンは後にこう回顧する。「わたしたちは主流から外れていた。報酬は時としてモチベーションを弱めるというアイデアは、行動主義者には受け入れがたかった」(注10)

しかし、その後、デシの疑念を裏づける研究結果が、続々と報告されるようになった。一九九〇年代後期にイスラエルのハイファで行われた実験を紹介しよう。舞台は保育所だ。親の四人に一人は、子どもの引き取りが遅く、保育所が閉まってから来ていた。そのせいで子どもはぐずり、職員は残業を強いられた。そこで保育所は親に罰金を科すことにした。遅刻するたびに三ドルだ。

良いアイデアだと思えるだろう。親にしてみれば、遅刻しない理由が二つになったのだ。すなわち道徳的な理由と、経済的な理由である。

この新たな方針が発表されると、お迎えに遅れる親の数は……増えた。じきに親の三分の一が保育所が閉まってから迎えに来るようになり、数週間のうちにその割合は四〇パーセントになった。理由ははっきりしていた。親たちは遅刻のたびに支払うお金を、罰金ではなく追加料金と解釈し、子どもを時間内に引き取る義務から解放されたのだ。(注11)

その後も多くの研究が、デシの発見を裏づけた。つまり、状況によっては、人が何かをする理由は多ければ多いほど良いというわけでないのである。時として、それらは互いを打ち消す。

数年前、マサチューセッツ大学の研究者たちが、職場での経済的インセンティブの効果についての五一の研究を分析した。彼らは、ボーナスが従業員のモチベーションを下げ、道徳心を鈍らせる、という「圧倒的な証拠」を発見した。(注12) それどころか、ボーナスと目標には創造性をむしばむ可能性があることも発見した。通常、インセンティブの結果は数字で現れる。就労時間に応じて報酬が支払われるのであれば、人はより長時間、働く。論文の数に応じてなら、より多くの論文を出す。手術数に応じてなら、より多くの手術を行う。

ここで再び、西側の資本主義経済と、かつてのソビエト連邦の経済との類似が目を引く。ソビエト時代の管理者は、政府から生産目標を課されていた。生産目標が高くなると、たとえば家具工場では、家具の数が重視され、質が落ちた。テーブルと椅子の価格が重量で決まるようになると、動かせないほど重い家具が作られるようになった。

笑い話のようだが、残念ながら今でも多くの組織で同じようなことが起きている。手術数に応じて報酬を得ている外科医は、治療の質より、手術の数を重視する。弁護士の給与を勤務時間に応じて支払う法律事務所は、より良く働くよう弁護士を奨励しているのではなく、より長く働かせるだけだ。共産主義と資本主義のいずれのシステムにおいても、数の重視は、働く人のモチベーションを下げる。

では、ボーナスは無駄なのだろうか。そうとは限らない。行動経済学者ダン・アリエリーの研究によると、フレデリック・テイラーがストップウォッチで時間を計ったような、単純で決まり切った仕事に関しては、ボーナスには効果があった。(注13) もっとも、現在、その種の仕事は次第にロボットがこなすようになり、ロボットはモチベーションを必要としない。

しかし、わたしたち人間は、モチベーションがなければ働けない。

残念ながら、エドワード・デシの教訓は、日々の実践にほとんど生かされていない。依然として人間がロボットのように扱われることがあまりにも多い。オフィスでも、学校でも、病院でも、社会サービスでも。

そしてわたしたちは幾度となく、他の人は自分のことしか考えていないと決めつける。つまり、目の前に報酬がなければ、人はだらだら過ごすのを好む、と思い込んでいるのだ。先ごろ英国で行われた研究では、人口の大多数（七四パーセント）が、富や社会的地位や権力よりも、思いやりや正直さや正義感といった価値観により共感することがわかった。しかし、ほぼ同じ割合（七八パーセント）の人が、「他者」は自分本位だと考えていた。(注14)

経済学者の中には、この歪んだ人間観は特に問題ではない、と考える人もいる。例えばノーベル賞を受賞した経済学者ミルトン・フリードマンは、（人間は常に合理的に考えるといった）人間についての歪んだ見方は、（経済現象について）正しい予測ができている限り問題ではない、と主張した。(注15)だが、フリードマンはノセボ効果を考慮し忘れていた。何かを信じるとそれは現実になるのだ。

何によって報酬が決まるかによって、行動は大いに違ってくる。数年前、二人のアメリカ人心理学者が、時給で働く弁護士とコンサルタントは、働いていない時間にも値段をつけることを示した。その結果は？　彼らは、ボランティアの仕事をやりたがらなかった。(注16)

目標、ボーナス、罰金の見込みによって、わたしたちがどのようにつまずくかを見るのは衝撃的だ。

・四半期ごとの結果にのみ集中し、企業を破産させるCEO。
・論文の出版数によって評価されるため、捏造した論文を提出する学者。
・標準テストの結果で評価されるため、定量化できないスキルの教育をおろそかにする学校。
・患者の治療期間が長いほど収入が増えるため、必要以上に治療を長引かせる精神科医。
・サブプライムローンで儲けて、最終的に世界経済を破滅寸前に陥れた銀行家。

リストは続く。フレデリック・テイラーの時代から一〇〇年が過ぎたが、わたしたちは相変わらず他者のモチベーションを、壮大な規模で損なっている。一四二か国の二三万人を対象とする大規模な研究では、仕事に「没頭している」と実感している人はわずか一三%だということが明らかになった。(注17) 一三%。この数字を見ると、どれほど多くの野心とエネルギーが無駄遣いされているかがわかる。

だが、そのぶん、改善の余地は大きい。

4 マネジメントをしないマネージャー

そういうわけで、再びヨス・デ・ブロークに目を向けよう。二〇〇六年の初めまで、彼はオランダの大規模なヘルスケア組織の役員だった。そこでは「自律的チーム」と「不干渉マネジメント」のためのアイデアを次から次へと提案し、ついには他の役員たちを激怒させた。

デ・ブローク自身はビジネスの経験も学位もなかった。数年間、大学で経済学を学んだが、中退して看護師になったのだ。

「ヘルスケアであれ、教育であれ、他の何であれ、トップにいる人と現場で働く人との間には、大きなギャップがある」、アルメロにあるオフィスを訪ねた時、彼はそう語った。「マネージャーたちは結束しがちだ。さまざまな講座や会議をセッティングし、しょっちゅう集まっては、自分たちのやり方が正しいことを確認しようとする」

そのせいで彼らは現実から切り離される。「現場で働く人は戦略的に考えることができない、つまり、ビジョンに欠ける、とマネージャーたちは考えている」とデ・ブロークは続ける。「だが、本当は、現場の人たちはアイデアに溢れている。彼らは千のアイデアを思いつくが、マネージャーは耳を貸さない。なぜならマネージャーは、会社の保養所に行って、働きバチのためのプランをひねり出すのが自分たちの役目だと、考えているからだ」

デ・ブロークはそうではない。彼は自分が雇っている人々を、仕事をどう行うべきかを熟知している専門家にして、内発的に動機づけられたプロフェッショナル、と見なしている。「わたしの経験から言うと、マネージャーはほとんどアイデアを持っていない。彼らがマネージャーになれたのは、会社のシステムに適合し、秩序に従ったからだ。先見の明があったからではない。それなのに彼らは、『パフォーマンスの高いリーダーシップ』講座のようなものを受講して、自分たちは形勢を一変させるゲームチェンジャーで、革新者だと思い込んでいる」

ヘルスケア・マネージャーという職種は、一九九六年から二〇一四年にかけてオランダで

急成長した。そのことをわたしが指摘すると、デ・ブロークはため息をついた。(注18)

「ヘルスケアMBAの学位をとった連中は、世界を秩序づける便利な方法を身につけたと思いこんでいる。自分は人事と財務とITを統括する、だから組織の業績はすべて自分次第だ、それがマネージャーの仕事だと、彼らは考える。だが、マネジメントをしなくても、仕事は以前と同じか、むしろ、以前よりうまくいくのだ」。

こうした発言が示す通り、デ・ブロークは流れに逆らうことを厭わない。

彼はマネジメントしないことを好むマネージャーであり、現場経験のあるCEOにして、組織のトップにいる無政府主義者だった。そういうわけで、ヘルスケアが商品になり、患者が顧客と見なされるようになると、デ・ブロークはマネージャーの仕事を辞めて、新しいことを始めた。広大な官僚制度の荒れ地にオアシスを作ることを夢見たのだ。そこに燃料を供給するのは、市場の力と成長ではなく、小さなチームと信頼である。

在宅ケア組織「ビュートゾルフ」は、オランダの東端にある人口一五万人の町、エンスヘーデで四人の看護師のチームから始まった。今日では全国で八〇〇超のチームが活動している。もっとも、ビュートゾルフを特別な存在にしているのは、何があるかではなく、何がないかだ。ビュートゾルフにマネージャーはいない。コールセンターもプランナーも存在しない。目標もボーナスもない。一般諸経費は微々たるもので、会議もほとんど開かれない。首都にきらびやかな本社があるわけではなく、アルメロ近郊の殺風景なオフィス街に事務所があるだけだ。

最大一二人からなる各チームは、最大限の自治を認められている。チームは自分たちでスケジュールを組み、自分たちで仕事仲間を雇う。そして、オランダの他のケア業界とは異なり、コードH126（パーソナルケア）、コードH127（付加パーソナルケア）、コードH120（特別パーソナルケア）、コードH136（補足遠隔パーソナルケア）を提供しない。そう、ビュートゾルフが提供するのは、「ケア」だけだ。保険会社が分類する「ケアプロダクト」の網羅的な「プロダクトブック」に、ビュートゾルフは、独自のコードで記載されている。R002、「ビュートゾルフ」である。

その他、ビュートゾルフにはイントラネットサイトがあり、スタッフは知識と経験を共有できる。個々のチームには独自のトレーニング予算があり、五〇チームからなる各グループには、困った時に頼れるコーチがいる。そして、経済的側面を統括するメインオフィスがある。以上。このシンプルな形式で、ビュートゾルフは人事部門もないのに、オランダの「最優秀企業」に五回選ばれ、マーケティング部門もないのに、「ケア部門最優秀マーケティング」賞を受賞した。さらに、オランダに本部を置く国際的監査法人KPMGのコンサルタントは、ビュートゾルフを「従業員と顧客の満足度が並外れて高い。経費は平均よりわずかに少ないのに、ケアの質は平均を大幅に上回る」と評した。(注19)

その通り。ビュートゾルフは患者にとって優れていて、従業員に親切で、納税者の負担が少ない。まさに三方良しだ。加えて、ビュートゾルフは成長を続けている。毎月、何十人もの看護師が、それまでの仕事を辞めてビュートゾルフと契約する。当然だろう。自由が増え、実入りが増えるのだから。最近、破産した同業者を買収した時、デ・ブロークはこう言った。「最初の仕事は、スタッフの給料を上げることだ」(注20)

誤解しないでほしい。ビュートゾルフは完璧ではない。対立は起きるし、失敗もある――各チームはきわめて人間的だ。加えて、その組織の構造はどちらかといえば時代遅れだ。なにしろデ・ブロークが目標とするのは、一九八〇年代オランダの単純なヘルスケア・サービスへの回帰なのだ。

しかし、結論として、デ・ブロークが二〇〇六年に始めたことは並外れていた。ビュートゾルフは、独立した看護師による小規模のケアを、税金を使って届けているので、右派と左派の最善の組み合わせと言えるかもしれない。

デ・ブロークは自らの哲学を次のように要約する。「ものごとを難しくするのは簡単だが、ものごとを簡単にするのは難しい」。マネージャーが複雑さを好むことは、記録がはっきり語る。「その方がマネージャーの仕事は面白くなるからだ」とデ・ブローク。「それに、この複雑なものをどうにかするには、わたしの助けが必要だ、と言えるからね」。

もしかすると、このことがいわゆる「知識経済」の大部分を駆動しているのではないだろうか。血統書付きのマネージャーとコンサルタントが、自分たちの必要性を高めるために、単純なことをできるだけ複雑にしているのではないか。時々、わたしはひそかに、これはウォール街の銀行家や、理解しがたい専門用語を連ねるポストモダンの哲学者の収益モデルではないかと思う。どちらも単純なことを信じられないほど複雑にしている。

デ・ブロークは逆を行く。彼は単純さを選ぶ。公のヘルスケアの会議では高給取りのトレンドウォッチャーが登場して、混乱を予言し、改革の必要性を説くが、デ・ブロークは有益なことを継続させるのが重要だと信じている。「世界は継続的な変化より、継続性から、より多くの利益を得る」と、彼は断言する。「ヘルスケアのお偉方は、マネージャーを変え、代理店その他を変えてきたが、ケアの実情は三〇年間、ほとんど変わっていない。苦しんでいる患者と良い関係を構築しなければならないという状況は、ずっと同じだ。確かに新しい洞察や技術は加わるだろうが、基本は変わっていない」。

変えるべきはケアの中身ではなく、「システム」だとデ・ブロークは言う。この数十年間で、ヘルスケアは弁護士の植民地になった。「今やケアする側とされる側が敵対している。一方は売り、もう一方は買う。先週、訪れた病院では、『本院には独自の販売チームがある』という台詞を聞いた。どうかしてるよ。今では多くの病院が、商業部門と調達チームを持ち、ヘルスケアの経験がないスタッフを配備している。彼らはヘルスケアを売ったり買ったりしているが、ヘルスケアの本質についてはわかっていない」。

その間ずっと、官僚制は拡大し続けている。なぜなら、ヘルスケアを市場に変えると、山のような書類を抱え込むことになるからだ。「他の人が信用できないので、誰もが予防措置を講じる。その結果、何もかもチェックすることになり、お役所仕事が山積みになる。実にばかばかしい」とデ・ブロークは言う。「保険会社のコンサルタントやマネージャーの数が増える一方で、現場でケアを行うスタッフは減る一方だ」。

デ・ブロークは医療資金に対する根本的に異なるアプローチを提唱する。製品化というメンタリティを捨てよう、と彼は言う。もう一度、ケアを中心にしよう。コストを大幅に簡素化しよう。「請求書がシンプルなほど、ケアに重点が置かれる」と彼は説く。「逆に、請求書が複雑になると、システム内の抜け道を探すプレイヤーが増え、経理部門が力を持つようになり、ついにはケアの内容を決めるようになる」

デ・ブロークと話していると、じきに彼の教えは医療分野に限ったものではないことがわかってくる。それらは教育、法執行、政府、産業といった他の分野にも通用するのだ。

その良い例がフランスの自動車部品メーカー、ＦＡＶＩだ。一九八三年、ジャン・フランソワ・ゾブリストが新ＣＥＯに任命された時、ＦＡＶＩには厳格な階層構造があり、ものごとは時代遅れの方法で進められていた。一生懸命働けばボーナスがもらえる、遅刻したら賃金は差し引かれる、といった具合だ。

ゾブリストが理想としたのは、自分ではなくスタッフが決断する組織だった。そこでは、従業員は定時出社を当然の義務と感じ、遅刻した場合は十分な理由がある。ゾブリストは後に語った。「わたしが夢見るのは、誰もが家族のように扱われる会社だ。それ以上ではないし、それ以下でもない」(注21)

ＣＥＯになった彼が最初に行ったのは、マネージャーが店全体を監視していた巨大な窓を覆うことだった。続いてタイムレコーダーを捨て、保管室の鍵を解除し、ボーナスのシステムを打ち切った。さらには、会社を二五人から三〇人の従業員で構成する「ミニ工場」に分け、それぞれにチーム・リーダーを選ばせた。そして各チームに、賃金から労働時間、誰を雇うかまで、あらゆることを決める権限を与えると共に、各チームが顧客に対して直接、責任を負うようにした。

ゾブリストはまた、定年を迎えたマネージャーの再雇用をやめ、人事部、企画マーケティング部門を削減した。また、「逆権限委譲《リバース・デリゲーション》」方式を採用し、チームはすべての仕事を自分たちで行い、必要な時だけマネージャーを呼ぶようにした。

ヒッピー・コミューンの運営ルールのように聞こえるかもしれないが、実のところ、FAVIの生産力は「上がった」。従業員は一〇〇人から五〇〇人に増え、シフトフォーク市場の五〇%を占有するに至った。主要部品の生産時間の平均は、一一日からわずか一日に短縮された。さらに、競合他社は低賃金国への業務移転を余儀なくされたが、FAVIの工場はヨーロッパにとどまっている。(注22)

その間ずっと、ゾブリストの哲学はきわめてシンプルだった。従業員を責任感の強い信頼できる人として扱えば、彼らはそうなるのだ。彼はそれについて著書まで出したが、その副題はL'entreprise qui croit que l'homme est bon、翻訳すると「人を信じる企業はうまくいく」である。

5　資本主義も共産主義もない――「そうしたいからする」

ビュートゾルフやFAVIのような企業は、人間の本性についてのネガティブな見方をポジティブなものに変えるとすべてが変わる、という確かな証拠だ。

収益や生産性ではなく、スキルと能力が主要な価値になる。他の仕事や専門職で、これが何を意味するか、想像してみよう。CEOは自社を信頼して舵をとり、学者は知識への渇望から夜更けまで研究し、教師は生徒への責任感ゆえに彼らに教え、精神科医は過剰な治療をやめ、銀行家は顧客へのサービスから満足を得る。

言うまでもなく、意欲的に他者を助けようとする教師や銀行家、学者やマネージャーはすでに多く存在する。だが、それは、複雑な目標やルールや手続き「ゆえ」ではなく、それらがある「にもかかわらず」なのだ。

モチベーションについての見方を反転させたアメリカの心理学者エドワード・デシは、問うべきは、どうやって他者をやる気にさせるかではなく、どうすれば、人が自らやる気になる社会を形成できるかだと考えた。この問いは、保守的でも急進的でもなく、資本主義的でも共産主義的でもない。そして、その答えは新たな動き、新たなリアリズムを語っている。「そうしたいからする」人々ほど強力なものはない。

第14章 ホモ・ルーデンス

1 子どもから自由と遊びが奪われている

ヨス・デ・ブロークと語り合った後、何日も、わたしの心には同じ問いが繰り返し浮かんだ。それは、社会全体が信頼に基づいていたらどうなるかというものだ。

これほど大きな方向転換をするには、最初から始めなければならない。子どもから始める必要があるだろう。しかし、教育分野の文献を調べると、たちまちいくつかの厳しい現実に直面する。この数十年間、子どもたちの内発的動機は、組織的に抑えられてきた。大人は、宿題や運動競技、音楽、演劇、個別指導、模擬試験といった無限にも思える活動で、子どもの時間を埋め尽くした。このことは、ある活動のための時間が少ないことを意味する。その活動とは、遊びだ。もっともわたしの言う「遊び」の意味は広い。好奇心の赴くまま、どこにでも行く自由。調べて発見し、試し、創造すること。親や教師が立てた計画に沿うのではなく、その活動自体を楽しむためのもの。

　どこを見ても、子どもの自由は限られている。[注1] 一九七一年には、英国の七歳と八歳の子どもの八〇パーセントは、自分で歩いて学校に通っていた。現在、そうしているのは、わずか一〇パーセントだ。一〇か国の一万二〇〇〇人の親を対象とする最近の世論調査から、大半の子どもは、屋外で過ごす時間が受刑者より短いことが明らかになった。[注2] ミシガン大学の研究者によると、一九八一年から一九九七年までの間に子どもが学校で過ごす時間は一八パーセント増えた。宿題に費やす時間は一四五パーセント増えた。[注3]

　社会学者と心理学者はこうした流れに対して警告を発している。アメリカで長期的に行われた研究により、子どもたちの「内なるローカス・オブ・コントロール（ＬＯＣ：行動統制の所在）」が減少していることがわかった。要するに、自分の人生は他者によって決められる、と感じるようになってきているのだ。米国では特に深刻で、二〇〇二年の平均的な子どもは、一九六〇年代の子どもの八〇パーセントよりも「（自分の人生を）コントロールできていない」と感じていた。[注4]

　これらの数字は、わたしの国オランダではそれほど劇的でないが、傾向は同じだ。二〇一八年、オランダの研究者たちは、一〇人の子どものうち三人が、外での遊びは週に一度かゼロであることを発見した。[注5] 同時に、世界規模のシンクタンクＯＥＣＤが行った学童を対象とする大規模な調査により、オランダの子どもは、調査を行ったすべての国の中で最も意欲に欠けることがわかった。テストと成績表のせいで内発的動機が弱くなっているので、非段階

的な課題に直面すると、注意力をなくしてしまうのだ。(注6)

中でも最も大きな変化は、言うまでもなく、親が子どもと一緒に過ごす時間が長くなったことだ。読書させる時間。宿題を手伝う時間。子どもをスポーツの練習に連れていく時間。オランダでは、親が子育てにかける時間は一九八〇年代の一・五倍以上になった。(注7)米国では、仕事を持つ母親が、一九七〇年代の専業主婦より長い時間を子どもと過ごしている。(注8)

なぜだろう。この変化の背景には、何があるのだろう。親たちが突然、大量の時間を手に入れたというわけではない。それどころか、一九八〇年代以来、どこの国の親も、より熱心に働いてきた。たぶんそのことが、つまり、他のすべてを犠牲にして仕事に励んできたことが、鍵なのだろう。教育政策の立案者がランキングと習熟度を重視するようになると、親や学校は、テストとその結果を大いに気にするようになった。

今の子どもたちは、かつてないほど幼いうちから分類されている。能力や可能性が高い子どもと低い子どもに。親は心配する。うちの娘は頑張っているだろうか？　息子は同級生についていけているのだろうか？　娘や息子は大学に入れるだろうか？　近年行われた一万人のアメリカの学生を対象とする調査によると、その八〇パーセントが、自分の親は思いやりや優しさより良い成績に関心がある、と答えた。(注9)

同時に、大切なものが失われつつあるという感覚が広まっている。例えば、自発性や遊び心だ。親としてあなたは、成績の向上ばかり追うべきではないという教えを、嫌というほど聞かされてきただろう。また、労働時間を減らし、よりマインドフルに生きる方法を説く本は多く、一つのジャンルになっているほどだ。しかし、少々のセルフヘルプでは効かないとしたら、どうすればいいだろう。

今起きていることをより理解するには、遊びの意味を定義する必要がある。遊びは規制や規則に縛られず、自由で拘束されない。遊びとは、親がサイドラインの外から声援を送る人工芝の競技場においてではなく、親が監視しない戸外で、子どもが遊び戯れ、そうするうちに自らゲームを考え出すことだ。

この種の遊びをする時、子どもたちは自分の頭で考える。リスクを冒し、安全圏から外に出る。そうしながら心を鍛え、意欲を高める。型にはまらない遊びは、退屈に対する自然な救済策でもある。しかし、近年、親が子どもに与えるのは、詳細な組み立て指示のついたレゴ社のスター・ウォーズ・スノースピーダーから電子的な調理音の出るミーレキッチン・グルメ・デラックスまで、あらゆる種類の作られた娯楽だ。

すべてが事前に作られていたら、好奇心や想像力を育むことはできるだろうか。(注10)退屈はおそらく創造性の源である。「創造性を教えることはできない」と、心理学者のピーター・グレーは書いている。「できるのは、開花させることだけだ(注11)」

生物学者のあいだには、遊びは人間の本性に深く根差しているというコンセンサスがある。ほとんどすべての哺乳動物は遊び、他の多くの動物も遊ばずにはいられない。アラスカのカラスは、雪に覆われた屋根を滑り降りるのを楽しんでいる。(注12)オーストラリアのビーチでは、クロコダイルが波乗りする様子が目撃された。カナダでは、実験室で飼われているタコが、

空の薬瓶を狙って水を噴射する。(注13)

表面的には、遊びは時間の無駄のように見えるかもしれない。しかし、興味深いことに、最もよく遊ぶのは最も賢い動物なのだ。第3章で、家畜化された動物はおとなになっても遊ぶことを語った。さらに、ホモ・パピーほど子ども時代が長い種はいない。遊びは人生に意味を与える、とオランダの歴史学者ヨハン・ホイジンガは一九三八年に書いた。彼は人間にホモ・ルーデンス（遊ぶ人）という名前をつけた。わたしたちが「文化」と呼ぶものはすべて遊びから生まれたとホイジンガは語っている。(注14)

人類学者は、人類の歴史の大半を通じて、子どもは好きなだけ遊ぶことができたと推測する。狩猟採集民の文化はそれぞれの社会によって異なるが、総じて遊びの文化はよく似ている。(注15)研究者たちによると、何より意義深いのは、子どもに無限の自由が与えられていることだ。狩猟採集民は子どもの成長を大人がコントロールできるとは思っていないので、子どもたちは朝早くから夜遅くまで、終日遊ぶことができる。

しかし、子どもは学校に行かなくても、大人になった時に必要なことを身につけられるのだろうか。狩猟採集民の社会では遊びと学習は同じだというのがその答えである。幼児は、テストを受けたり点数をつけられたりしなくても、自然に歩いたり話したりできるようになる。それは周囲の世界を探検したいという強い欲求があるからだ。同様に、狩猟採集民の子どもは遊びを通して学ぶ。昆虫を捕まえたり、弓や矢を作ったり、動物の鳴き声をまねするなど、ジャングルではすることがたくさんある。そして、そこで生きていくためには、植物や動物について非常に多くの知識が必要とされる。

また、一緒に遊ぶことで、子どもは協力することを学ぶ。狩猟採集民の子どもはほとんどの場合、男の子と女の子、そしてすべての年齢層が一緒になって遊ぶ。幼い子どもは、年上の子どもから学び、年上の子どもは自分が知っていることを伝える責任を感じている。驚くことではないが、これらの社会では、競争する遊びは見られない。(注16) 大人の競技と違って、型にはまらない子どもの遊びは、常に参加者に譲歩を求める。そして、その遊びをつまらないと思う子どもは、いつでもやめることができる（そうなると、その遊びは誰にとっても終わりになる）。

2　教育システムの出現

人間が一か所に落ち着くようになると、遊びの文化は根本的に変化した。

文明の始まりは、退屈な農業労働という苦役と、トマトと同じく子どもも育てる必要がある、という考え方をもたらした。なぜなら、もし子どもが生来、邪悪であるなら、子どもの好きなようにさせるわけにはいかないからだ。子どもには、うわべだけでも文明を身に着けさせなければならず、多くの場合、そうするには強硬手段が必要だった。親は子どもを殴るべきだという考えは、農村や都市に住む先祖の間で、比較的、最近生まれた。(注17)

最初の都市や国家が出現すると、最初の教育システムが現れた。教会は敬虔な信徒を必要とし、軍隊は忠実な兵士を、政府は勤勉な労働者を必要とした。遊びは敵だということで三者の意見は一致した。英国の聖職者ジョン・ウェスレー（一七〇三～九一）は、自らが設立した学校の規則において、「遊びのための時間は認めない」と定めた。「子どものころに遊んだ人間は大人になっても遊ぶ」というのがその理由だ。(注18)

一九世紀になると、宗教教育は国の制度に取って代わられた。その制度について、ある歴史学者は次のように述べている。「フランスの文部大臣は、午前一〇時二〇分に国内の特定の学校の生徒全員が、キケロのどの一節を学んでいるのかが自分にはわかる、と豪語した」。(注19)良き国民としての心得は幼い頃から教え込まれなければならず、また、国民は自国を愛することを学ばなければならなかった。フランス、イタリア、ドイツが地図上に描かれると、次は、フランス人、イタリア人、ドイツ人を作る必要があったのだ。(注20)

産業革命が起きて、製造業の苦役の大半を機械がこなすようになった。（もちろん、すべての国においてではなく、バングラデシュでは、今でも子どもたちがミシンで安い服を作っている）。このことは教育の目的を変えた。子どもたちは、大人になった時に経済的に自立するために、読み書きや設計や組織運営を学ぶようになった。

一九世紀後半までに、子どもたちは再び遊ぶ時間を持てるようになった。歴史学者はこの時期を、自由な遊びの「黄金時代」と呼ぶ。この時期、児童労働は禁じられ、親は子どものしたいようにさせるようになった。(注21)ヨーロッパや北米の多くの地域では、子どもを監視しようとする人はおらず、子どもたちは一日の大半を、ぶらぶらと遊んで過ごした。

しかし、この黄金時代は短かった。一九八〇年代以降、職場でも教室でも、次第に生活は忙しくなった。個人主義と成果主義が幅を利かすようになった。家族は少人数になり、親は子どもが将来、成功するかどうかを心配し始めた。

今度は、あまりにも遊びが好きな子どもは、病院に連れていかれる恐れが出てきた。この数十年間で、行動障害の診断が急増している。その最たる例はADHDだろう。ある精神科医は、ADHDは季節的な不調に過ぎないと言った。夏休み中は問題がないように見えても、学校が始まると、リタリンの服用を必要とする子どもがかなり出てくるというのだ。(注22)

確かに、一〇〇年前に比べると、わたしたちは子どもにかなり甘い。学校は一九世紀には刑務所のようだったが、今は違う。行儀の悪い子どもは叩かれるのではなく、薬を飲まされる。学校は価値観を叩き込むようなことはしなくなった。もっとも、教師はかつてないほど多様なカリキュラムを組み、子どもたちが将来、「知識経済」において高給の仕事を見つけられるよう、できる限り多くの知識を伝えている。

教育は耐えるものになった。成果主義社会のルールを内在化している新しい世代が生まれつつある。彼らは出世競争を走ることを学んでおり、勝敗の主な基準になるのは、履歴書と給与だ。彼らは、あえて既成概念を破ろうとはせず、夢を見たり、冒険したり、大胆な行動をとったりもしない。要するに、遊び方を忘れた世代なのだ。

3　ルールや安全規則のない公園

他の道はあるだろうか？

自由や創造性の余地のある社会に戻れるだろうか？

遊び場を作ったり、束縛せず遊び心を解放する学校を設計したりできるだろうか？

答えはすべてイエスだ。

デンマークの造園家カール・テオドール・ソーレンセンは、多くの公園を設計した後に、それらが子どもたちを退屈させていることに気づいた。砂場や滑り台やブランコのある平均的な公園は、官僚にとっては夢だが、子どもにとっては悪夢だ。子どもたちが公園よりも、廃品置き場や建設現場で遊ぶのを好むのは、それほど不思議ではない、とソーレンセンは思った。

そこでソーレンセンは当時としてはまったく新しいものを設計した。ルールや安全規則のない公園、子ども自身が責任を負う遊び場だ。

ドイツの占領下にあった一九四三年に、ソーレンセンはコペンハーゲンの郊外のエムドロプで自分のアイデアを試した。七万五〇〇〇平方フィートの区画を、壊れた車や薪や古いタイヤで満たしたのだ。子どもたちは、ハンマーやのみやドライバーで、好きなように叩いたり、壊したり、いじったりすることができた。木に登ったり、火をおこしたり、穴を掘ったり、小屋を作ったりしてもいい。あるいは、ソーレンセンが後に語ったように、「夢見たり、想像したり、夢や想像を実現すること」もできた(注23)。

ソーレンセンが作った「廃品《ジャンク》の遊び場」は大成功し、平均で一日に二〇〇人の子どもをエムドロプに引き寄せた。かなりの数の「問題児」はいたが、「退屈な公園で見られる騒音や叫び声や喧嘩がここでは見られないのは、遊ぶ機会が豊富にあり、子どもたちはけんかをする必要がないからだ」ということが、じきに明らかになった(注24)。状況を監督するために「プレイ・リーダー」を雇ったが、子どもたちとは関わらなかった。「子どもたちに何かを教える

ことはできないし、教えるつもりもない」と、最初のプレイ・リーダーになったジョン・ベルテルセンは言った。(注25)

戦争が終わった数か月後、英国の造園家アレン・オブ・ハートウッド卿夫人がエムドロプを訪れた。彼女は、そこで見たものに「すっかり夢中になった」そうだ。(注26)その後の数年間、彼女は自らの影響力を活用して、「精神が折れるより骨が折れたほうがいい」と説き、廃品主義を広めた。(注27)

じきに、ロンドンからリバプール、コベントリーからリーズまでの被爆地域が、英国中の子どもに開放された。少し前までドイツの爆撃機が死と破壊をもたらしていた場所で、歓声が聞こえるようになった。新しい遊び場は英国の再建の象徴となり、回復力の証と見なされた。

とは言っても、誰もが喜んだわけではない。このような遊び場に対して、大人は必ず二つの異議を唱える。一つは、「見苦しい」というものだ。正直なところ、目障りではある。しかし、大人には乱雑に見えても、子どもはそこに可能性を見つける。大人は不潔さに耐えられないが、子どもは退屈に耐えられないのだ。

二つ目の異議は、廃品で作った遊び場は危険だ、というものだ。過保護な親は、エムドロプ式の公園では、骨折や脳挫傷が多く起きるのではないかと恐れた。しかし、一年間で最悪のけがに必要とされたのは、ばんそうこうだけだった。ある英国の保険会社は非常に感銘を受け、廃品で作った遊び場の保険料を、標準的な公園より安くした。(注28)

そうであっても、英国で「冒険遊び場」と呼ばれるようになったそれらの遊び場は、一九八〇年代になると、苦闘し始めた。安全規制が急増するにつれて、製造業者は、自称「安全な」設備を作って大儲けできることに気づいたのだ。結果は？　近年では、四〇年前に比べてエムドロップ式の公園はかなり少なくなった。

しかし、もっと最近では、ソーレンセンの古いアイデアへの関心が復活した。無理もない。現在、科学は、型にはまらない冒険的な遊びは子どもの心身の健康に良いという証拠を山ほど提供しているのだ。(注29)ソーレンセンは晩年にこう語った。「わたしが実現を手伝ったすべてのもののなかで、廃品の遊び場は最も見苦しいが、わたしにとっては最高で、最も美しいものだ(注30)」

4　クラス分け、教室、宿題、成績のない学校

これをさらに一歩進めることができるだろうか？

もし、子どもが屋外で、より大きな自由をうまく扱えるのであれば、屋内ではどうだろう？　多くの学校は今も美化された工場のように運営されており、ベルや時間割やテストを中心に組織されている。しかし、子どもが遊びを通して学ぶのであれば、教育をそれに合わせればいいのではないか？　これは数年前に、芸術家で校長でもあるシェフ・ドラムメンの頭に浮かんだアイデアだった。

ドラムメンは遊び心を忘れない人間の一人で、ルールや権威を嫌悪していた。鉄道の駅まででわたしを迎えに来てくれた時、彼は自転車専用道路に車を堂々と停めた。その後の数時間、

彼は逃げようのないわたしを相手に、延々と話し続けた。時々、わたしはなんとか質問した。彼はにやっと笑って、自分は意見を押しつけることで悪名高いのだ、と認めた。

もっとも、わたしがオランダ南西部のルールモントまで電車に乗って行ったのは、ドラムメンのおしゃべりを聞くためではない。そこで途方もないことが起きていたからだった。

クラス分けや教室のない学校を想像してみよう。宿題も成績もない。教頭やチーム・リーダーという階層もなく、あるのは、自律的な教師（「コーチ」と呼ばれる）のチームだけだ。実のところ、コーチを務めるのは生徒たちだ。この学校では、校長は頻繁に校長室から追い出される。子どもたちがそこで集会を開くためだ。

しかも、これは酔狂な親を持つ変わり者の生徒のためのエリート私立学校ではない。この学校はあらゆる背景の子どもたちを入学させている。校名は？　アゴラだ。

すべてが始まったのは二〇一四年のことだった。この学校は隔壁を取り壊すことにした。（ドラムメン曰く、「檻の中に閉じ込めておくと、子どもたちはネズミのように行動する」）次に、あらゆるレベルの子どもたちを一緒にした。（「なぜなら、現実の世界はそうなっているからだ」）そして、それぞれの子どもは、自分で学習計画を立てなければならなかった。（「もし、学校に一〇〇〇人の子どもがいれば、一〇〇〇通りの学習方法がある」）。

その結果はどうなっただろう。

学校の敷地に入って、まず頭に浮かぶのは、廃品の遊び場のことだ。目の前にあるのは、黒板に向かって整然と並ぶ椅子ではなく、急ごしらえの机、水槽、ツタンカーメンの棺のレプリカ、ギリシア風の円柱、二段ベッド、中国の竜、スカイブルーの六九年型キャデラックの前半分といった、色とりどりのカオスだった。

ブレントはここの生徒だ。現在一七歳で、数年前までバイリンガルの大学進学者向け中等教育校に通っていた。ほとんどの教科で好成績を収めていたが、フランス語とドイツ語は苦手だった。オランダの三段階教育制度に従って、ブレントは一般中等教育課程に下ろされ、その後も成績がおもわしくなかったので、職業訓練課程に移された。「先生にそう言われた時、ぼくは怒り、走って家に戻った。そして、母に、マクドナルドで働くと言った」

しかし、友人の友人のおかげで、ブレントはアゴラにたどりついた。ここでは学びたいものを自由に学ぶことができた。彼は原子爆弾についてあらゆることを知っていて、最初の事業計画を立てており、ドイツ語で会話ができる。そしてスペインのモンドラゴン大学の国際プログラムに進むことが決まっている。

コーチのロブ・ホウベンによると、ブレントは同大学への入学が決まったことを、なかなか公表しなかった。「この学校がぼくにしてくれたことに対して、まだ恩返しができていないから」と言って。

あるいは、一四歳のアンジェリクの場合、通っていた小学校は彼女を職業訓練校に進ませたが、わたしから見て、彼女は、きわめて分析力が高かった。理由は明かさなかったが、韓国に夢中で、韓国に留学する計画を立てており、すでに韓国語をかなり独習していた。完全菜食主義者でもあり、肉を食べる人を言い負かす議論を一冊の本にまとめた。（コーチのロブは、「ぼくはいつも、その議論に負けてしまいます」と言う）。

生徒の一人ひとりにストーリーがある。同じく一四歳のラファエルはプログラミングが好きだ。彼はわたしにオランダの通信制大学のウェブサイトで見つけたセキュリティ・リークを教えてくれた。ラファエルはウェブマスターにそれを知らせたが、リークはまだ修正されていないそうだ。ラファエルは笑いながらこう言った。「もし、そのウェブマスターの注意をひきたいと思ったら、ぼくは彼のパスワードを変えることもできるよ」

ラファエルがフロントエンドの作業をした、ある会社のウェブサイトを見せてくれた時、わたしは、大変な作業をしてあげたのだから、代金を請求したらどうかと尋ねた。ラファエルは怪訝そうな表情を浮かべてこう言った。「え？　そんなことをしたら、やる気がなくなるよ」

アゴラの生徒たちの目的意識の強さには驚いたが、連帯感の強さにはもっと驚いた。わたしが話をした生徒のうち何人かは、わたしが通った学校にいたらおそらくいじめられていただろう。しかし、アゴラでは、いじめられている生徒は皆無で、わたしと話した誰もがそう言っていた。「わたしたちは互いをありのままに受け入れています」と、一四歳のミルウは言った。

いじめはしばしば、人間の本質的な癖と見なされ、子どもなら誰でもすると考えられている。それは間違いだ、と、いじめが蔓延する場所を広範に調査してきた社会学者たちは言う。彼らはそれらの場所を「トータル・インスティテューション（全制的施設）」と呼ぶ。(注31)およそ五〇年前に、社会学者のアーヴィング・ゴッフマンは全制的施設を次のように説明した。

・全員が同じ場所に住み、ただ一つの権威の支配下にある。
・すべての活動が共同で行われ、全員が同じタスクに取り組む。
・活動のスケジュールは、多くの場合、一時間ごとに厳格に決められている。
・権威者に課される、明確で形式張ったルールのシステムがある。

言うまでもなく、その究極の例は刑務所で、そこにはいじめがはびこっている。しかし、全制的施設は、老人ホームなど他の場所でも見られる。一か所に閉じ込められた高齢者はカーストを築き、一番の強者が、ビンゴの時間に一番良い席を要求したりする。(注32) いじめを専門とするアメリカのある研究者は、ビンゴを「悪魔のゲーム」とまで呼ぶ。(注33)

学校も全制的施設だ。いじめは、英国の典型的な寄宿学校（ウィリアム・ゴールディングの『蠅の王』にインスピレーションを与えたタイプの学校）に最も蔓延している。(注34) そして、これらの学校は、何よりも刑務所に似ている。生徒は、そこから出ていくことはできず、厳密な階層の中に地位を獲得しなければならない。加えて、生徒と教師の間には厳格な区別がある。この競争的な機関は、英国の上流階級の秩序の一部になっている。ロンドンの政治家の多くは寄宿学校の出身だが、教育学者によると、それらの学校は人間の遊び心を妨げるそうだ。(注35)

だが、良いニュースもある。構造化されていないアゴラのような学校では、いじめは起きない。そこでは、ドアは常に開かれていて、必要な時にはいつでも息抜きができる。さらに重要なこととして、誰もが互いと異なっている。あらゆる年齢、能力、レベルの子どもが混ざり合っているので、人と違うのは当たり前なのだ。

「ぼくが前に通っていた学校では、職業教育の時間に、他の生徒に話しかける生徒はいなかった」と、ブレントは言う。ブレントとユップ（一五歳）は、最初から職業プログラムに参加していたノア（一五歳）から、自分たちに何が欠けているかを教えてもらった。それは、計画を立てることだ。「ノアは翌年と、自分の人生の半分について、すでに計画を立てているんだ」とユップは言う。「ぼくたちは彼から多くのことを教わったよ」

アゴラの中を歩けば歩くほど、子どもを年齢や能力によってくくるのはばかげている、と思えてきた。長年にわたって専門家は、教育格差が広がっていると警告してきたが、その差はどこから始まるのだろう。ジョリー（一四歳）は言う。「わたしには違いはわからない。職業訓練を受けている生徒が、優秀な生徒よりずっと筋の通ったことを話しているのを何度も聞いたわ」

さらに、学校が日々を時間に切り刻む慣習について考えてみよう。「世界が学科の塊に分かれているのは学校だけです」と、コーチのロブは言う。「他にそんな場所はありません」。ほとんどの学校では、生徒が流れをつかんだと思うとベルが鳴り、次の授業が始まる。これほど学習意欲をそぐシステムがあるだろうか。

だが、誤解してはいけない。アゴラでは何もかもが自由なわけではない。アゴラは自由を奨励するが、最小限の決まりごとがある。毎朝、学校に行く。毎日、一時間、静かな時間を過ごす。週に一度、コーチと面談する。子どもたちは大いに期待されていることを知っていて、コーチの力を借りて、個人的な目標を設定する。

コーチの存在は重要だ。彼らは教育し、刺激し、励まし、指導する。正直なところ、彼らの仕事は、一般の教師の仕事より大変そうに見える。第一に、彼らは教師になるために学んだことの大半を忘れなければならない。「子どもが学びたいことの多くは、ぼくたちには教えられないことです」と、ロブは言う。たとえば、ロブは韓国語を話せないし、コンピュータプログラミングについても何も知らない。それでも彼は、アンジェリクとラファエルがそれぞれの道へ進むのを手助けした。

当然ながら、大きな疑問は、このモデルはほとんどの子どもにとって有効か、ということだ。アゴラの生徒たちの途方もない多様性を考えると、確かにそうだとわたしには思える。(注36) 慣れるまでに時間がかかるが、やがて子どもたちは、自らの好奇心に導かれるままに進むことを学ぶ。シェフ・ドラムメンはその様子を、バタリー式養鶏場のケージに入れられたニワトリにたとえる。「数年前、わたしは農家から数羽のニワトリを買った。そして、わが家の庭に放したのだが、ニワトリたちは釘付けになったかのように、何時間もそこに立ったままだった。一週間ほどたって、ようやくニワトリたちは勇気をふるって動き始めた」

しかし、悪いニュースもある。どんな種類のものであれ、急進的な動きは必然的に古い体制と衝突する。

実のところ、アゴラの教育が想定しているのは、現実の社会とは非常に異なる社会だ。この学校の願いは、子どもたちが、自律的で、創造力に富み、積極的な市民になることだ。しかし、学校としての標準的な基準を満たさなければ、国の審査を通らず、財政支援を受けられない。このメカニズムは、アゴラのような新しい動きに継続的にブレーキをかける。

したがって、わたしたちが問うべきは、より大きな問いだろう。教育の目的は何か？　わたしたちは、良い成績と高い給与にこだわりすぎているのではないか。

二〇一八年に、二人のオランダの経済学者が、三七か国の二万七〇〇〇人の労働者を対象とするアンケートを分析したところ、回答者の少なくとも四分の一は、自分の仕事の重要性に疑問を抱いていた。(注37)この人たちの職業は何だったか？　清掃人や看護師や警察官ではない。「当人が重要でないと思う仕事」は、銀行や法律事務所や広告代理店のような民間企業に集中していることをデータは語る。わたしたちの「知識経済」の基準からすると、これらの仕事に就く人は成功者と定義づけられる。トップクラスの成績を収め、リンクトインに載せたプロフィールはすばらしく、高給を得ている。それにもかかわらず、自分の仕事は社会の役に立っていないと、感じているのだ。

この世界は狂ってしまったのだろうか？　わたしたちは大金を投じて、きわめて優秀な人々がキャリアのはしごを上るのを手伝うのに、トップに行きついた彼らは、全ては何のためなのか？　と自問する。一方、政治家は、国別ランキングでより高位につく必要性を説き、国民に、より高い教育を受け、より多くのお金を稼ぎ、経済をより「成長」させよ、と説く。(注38)

しかし、それらの地位は何を意味するのだろう。創造性や想像力があることだろうか、それとも、おとなしく座って、うなずくことができることだろうか。数十年前に哲学者イヴァン・イリイチが語った言葉が思い起こされる。「学校とは、社会は今のままでいいとあなたに信じさせる広告代理店だ（注39）」

遊ぶ学校、アゴラは、別の道があることを裏づける。そのような学校はアゴラだけではない。人々は批判するかもしれないが、それらの学校の取り組みが機能しているという証拠は多い。英国のサフォーク州にある寄宿学校のサマーヒル・スクールは、一九二一年の創立以来、子どもには絶対的な自由を託せることを示してきた。米国マサチューセッツ州のサドベリー・バレー・スクールも同様で、一九六八年の創立以来、数千人の子どもがそこで青春時代を過ごし、その後、充実した人生を送っている（注40）。

問うべきは、子どもは自由をうまく扱うことができるか、ではない。

わたしたちは子どもに自由を与える勇気を持っているか、である。

これは急を要する問いだ。かつて心理学者のブライアン・サットン＝スミスは「遊びの逆は仕事ではない。うつ病だ」と語った（注41）。近年、自由も遊びも内発的動機もない、わたしたちの働き方は、うつ病の蔓延をあおっている。世界保健機関によれば、うつ病は今や、社会に最も負担をかけている病気だ（注42）。わたしたちに一番不足しているのは、通帳や家計簿に記された数字ではなく、自分の中にあるべきものだ。それは、人生に意義をもたらすもの、すなわち、遊びである。

アゴラでわたしは一縷の望みを見つけた。その後、駅まで送ってくれたシェフ・ドラムメンは、車から降りたわたしに再び笑顔を見せた。「今日は、一方的にしゃべり過ぎたね」。その通りだったが、彼に聞きたいことはまだ山ほどあった。短時間でも彼の学校を歩き回れば、昔ながらの信念の多くが、崩れ始めるのを感じるはずだ。

もっとも、今のわたしにはわかる。これは始まりに戻る旅なのだ。アゴラは狩猟採集民と同じ教育哲学を持っている。自由を与え、あらゆる年代と能力の子どもが入り混じったコミュニティの中で、コーチやプレイ・リーダーが支援すれば、子どもは最もよく学ぶのだ。（注43）ドラムメンはそれを「教育〇・〇《ゼロテンゼロ》」と呼ぶ。ホモ・ルーデンスへの回帰である。

第15章 民主主義は、こんなふうに見える

1 当選したら権力を住民に譲り渡す

そこは、革命には似つかわしくない場所だった。ベネズエラ西部にある自治体トレスは人口が二〇万弱で、少数のエリートが数百年にわたって支配してきた。(注1)しかしそのトレスで、普通の人々が、喫緊の課題の答えを見つけた。

その課題とは、どうすれば政治への信頼を回復できるだろう。どうすれば社会に蔓延する不信感を払拭できるだろう。そして、どうすれば民主主義を救うことができるだろう、というものだ。

世界の民主主義は少なくとも七つの問題に苦しめられている。徐々に腐敗する政党、互いを信頼しない市民、排除される少数派、政治への関心を失った有権者、堕落した政治家。税

金を逃れる金持ち、そして、近代民主主義は不平等だという認識の高まり、である。

トレスはこれらの問題のすべてを解決する策を見つけ、以来、一五年以上にわたって試行錯誤を重ねてきた。その策は、驚くほどシンプルで、しかも世界各国で採用されているが、ほとんど報じられていない。それはおそらく、その解決策が、ビュートゾルフやアゴラと同じく、人間の本性についての異なる見方を前提とする、現実的なイニシアチブだからだろう。それは、人間を自己満足的とか、怒れる有権者とは見なさない。代わりに、もし個々人の中に建設的で良心的な市民がいるとしたらどうなるか、と尋ねる。

別の言い方をすれば、もし真の民主主義が可能だとしたら？　と尋ねるのだ。

トレスの物語は二〇〇四年の一〇月三一日に始まる。選挙の投票日だった。二人の対立候補がこの自治体の長に立候補していた。裕福な地主で現職のハビエル・オロペサは、商業メディアに応援されていた。対するワルテル・カティベッツリは、現職の大統領ウゴ・チャベスの強力な政党に支持されていた。

選択の余地はほとんどない。オロペサかカティベッツリか――どちらにしても、腐敗した体制が政権を握り続ける。トレスが民主主義の未来を根本的に変えるという兆候は皆無だ。

実を言うと、もう一人、あえて言及するほどでもない候補者がいた。フリオ・チャベスだ。彼は政党や団体に所属しない扇動者で、支持するのはほんの一握りの学生と、生活協同組合、および労働組合のメンバーだけだった。フリオの公約は一文に要約できたが、途方もないものだった。「当選したら、権力をトレスの住民に譲り渡す」というのだ。

対立候補はフリオを相手にしなかった。フリオにチャンスがあると思う人は一人もいなかった。しかし、時として予想外の場所で最大の革命が起きることがある。その一〇月の日曜日、投票率わずか三五・六パーセントのこの選挙で、フリオ・チャベスは僅差でトレスの首長に選ばれた。(注2)

そして彼は公約を守った。

トレスでの革命は、数百回の集会から始まった。住民は誰でも参加することができて、問題を討議するだけでなく、決断を下すこともできた。トレスの投資予算の全額である約七〇〇万ドルをどう使うかは、市民に託された。

真の民主主義を行うべき時だと、新首長は言った。風通しの悪い会議室で、蛍光灯の下、なまぬるいコーヒーを飲みながら、彼は、「お金の使い道をはっきりさせるべきだ。公務員と専門の政治家ではなく、トレスの住民が政治を行うべき時だ」と言った。

古いエリート集団は自分たちの腐敗した体制が壊されるのを、恐怖を感じながら眺めていた。「(彼らは)これは無政府状態だと言いました」と、フリオ(誰もがこの首長をファーストネームで呼ぶ)は、アメリカ人社会学者との会談で回想した。「権力を手放すなんて頭がどうかしていると言われました(注3)」

トレスが属するララ州の知事は、自分の傀儡《かいらい》であるオロペサがこの成り上がり者に負けたことに激怒した。そして、トレスへの財政支援を削減し、新たな議会を設立することにした。しかし彼は、新しく選ばれた首長への支持の高まりを考えに入れていなかった。数百人の住民が庁舎に向かってデモ行進し、自分たちの予算が採択されるまで家に戻らないと主張した。

ついに住民が勝った。フリオ・チャベスが首長になってから十年たたない内に、トレスは数十年分の進歩を遂げた。汚職と恩顧《おんこ》主義は大幅に減少し、カリフォルニア大学の研究によると、住民はかつてないほど積極的に政治に参加するようになった。新しい家や学校が建てられ、新しい道路が建設され、古い地区はきれいになった。(注4)

今日に至るまで、トレスは世界最大の市民参加型予算を持つ自治体の一つだ。毎年早い時期に五六〇か所で集会が開かれ、約一万五〇〇〇人が意見を述べる。誰もが提案書を出したり、代表者を選出したりできる。人々は協力して、数百万ドルの税収をどこに割り当てるかを決める。

「以前は政府の役人が一日中エアコンのきいたオフィスにいて、そこで決断を下していた」と、ある住民は言った。「彼らは、わたしたちのコミュニティに足を踏み入れようともしなかった。そんな役人とコミュニティの人間とでは、何が必要かについて、どちらが良い判断を下せるだろう?(注5)」

2　7つの治療薬

おそらくあなたは、こう考えているだろう——素晴らしい逸話だが、ツバメが一羽来ただけでは夏にならない。民主主義も同じだ。無名の自治体がこれまでのやり方をやめたからと言って、それを革命と呼べるだろうか——。

実を言うと、トレスで起きたことは、数ある事例の一つに過ぎない。より大きな物語は、数年前に始まった。ブラジルの大都市が、予算の四分の一の使い道を市民に委ねるという前例のない決断を下したのだ。その都市はポルト・アレグレで、一九八九年のことだった。一〇年後、このアイデアはブラジル全土の一〇〇以上の都市で模倣され、そこから世界中に広まった。二〇一六年には、ニューヨーク市からセビリアまで、ハンブルクからメキシコ・シティまで、一五〇〇超の都市が、何らかの形で参加型の予算編成を行った。(注6)

今語っているのは、二一世紀最大の動きの一つなのだが、おそらくあなたは、聞いたことがなかっただろう。ニュースになるような面白い話ではない。市民政治家には、スターのような魅力はないし、広報キャンペーンをしたり、スピンドクター（御用学者）を雇ったりする金もない。討論会用に気の利いたジョークを考え出したりしないし、世論調査の結果も気にしない。

彼らはただ、穏やかに、かつ慎重に、討議するだけだ。退屈に聞こえるかもしれないが、それは魔法のような力を発揮する。疲弊した古い民主主義を苦しめる七つの疫病の治療薬になるかもしれない。

(1) 冷笑から参加へ

ほとんどの国で、国民と政治組織の間には深い溝がある。ワシントンや北京やブリュッセルでは、高級官僚が大半のことを決めているので、普通の人が、自分の意見は聞いてもらえない、代弁してもらえない、と感じるのは当然だろう。

トレスとポルト・アレグレでは、ほとんどすべての人が政治家と知り合いだ。人口の約二

○パーセントが市の予算編成に関与してきたため、政治家がしていることへの不満も少ない。(注7)状況に不満があるって？　協力して改善しよう。「ここへ来て、何をすべきかをわたしたちに指図するのは、官僚ではなく、わたしたち自身です」と、ポルト・アレグレの市政に関わっている住民は語った。「わたしは貧乏ですが、最初から予算編成に関わってきました……（予算編成は）人々に意見を述べさせます。一番貧しい人間にさえも」(注8)

同時に、ポルト・アレグレでは市議会への信頼が高まった。イェール大学の政治学者が発見したのは、市民に力を与える市長は再選される可能性が高いため、市長は、市民を参加させることによって最も利益を得る一人だということだ。(注9)

(2) 両極化から信頼へ

市民参加型の予算編成を始めた時、ポルト・アレグレは信頼の砦《とりで》ではなかった。実のところ、ブラジルほど国民が互いを信頼しない国はまれだ。(注10)したがって、ほとんどの専門家は、ポルト・アレグレの民主化の試みは十中八九失敗に終わると見ていた。それを成功させるには、まず市民が団結し、差別などの問題解決に取り組まなければならない。そうやって初めて、民主主義が根づくための地固めができる、と彼らは考えた。(注11)

ポルト・アレグレは、この方程式を逆転させた。行政が参加型予算を立ち上げた後に、人々の間に信頼が育ち始めた。このコミュニティの団体の数は、一九八六年の一八〇から二〇〇〇年には六〇〇にまで増えた。じきに市民は互いを、コンパニェイル――同胞にして兄弟――と呼ぶようになった。

最初、ポルト・アレグレの人々は、アゴラの創設者シェフ・ドラムメンが比喩に用いた「ケージに入れられていたニワトリ」のような行動をとった。養鶏場から解放されたニワトリたちは、最初のうちは、地面にくぎ付けにされたかのように、動かなかった。しかし、じきに自分の足で歩き始めた。「最も重要なことは」と、ある市民は言った。「参加する人がどんどん増えていることだ。初めての人も歓迎される。わたしたちには（彼らを）見捨てないという責任がある。それが一番大切なことなのだ（注12）」

(3) 除外から受け入れへ

政治的な討議は、きわめて複雑になることもあるので、人々は話についていくのに苦労する。そして、エリートが支配する民主主義では、貧しい人々や教育レベルの低い人々は、脇に追いやられがちだ。民主主義国の多くの住民に許されているのは、せいぜい代表となる特権階級の人を選ぶことだけだ。

しかし、数百件の市民参加型予算の実験において、思いがより代弁されたのは、伝統的に諸権利を奪われていた人々だった。ニューヨーク市では、二〇一一年に始まって以来、予算編成の会合は主に、ラテン系やアフリカ系の人々を引きつけてきた（注13）。ポルト・アレグレでは、参加者の三〇パーセントは、全住民の二〇パーセントを占める極貧の人々だ（注14）。

「初めて参加した時、わたしは自信を持てませんでした」と、ポルト・アレグレのある参加者は言った。「なぜなら、そこには大学の学位を持つ人々がいましたが、わたしたちには

（学位が）なかったからです。……けれども、時がたつにつれて、わたしたちは学び始めました」(注15)。古い政治システムと違って、この新しい民主主義は、裕福な白人男性のためのものではなかった。そうではなく、社会の少数派や、貧しい人々や、教育水準の低い層を代弁するのだ。

(4) 満足から市民権へ

総じて有権者は政治家に対して批判的で、政治家は有権者に対して批判的だ。しかし、トレスやポルト・アレグレで実践されている民主主義は、市民が政治に参加するための訓練場になっている。物事をどのように進めるかについて、発言権を市民に与えれば、彼らの政治に対する態度は変わり、より好意的になり、より賢くもなる。

カリフォルニア州バレーホの市民参加型予算について報じたジャーナリストは、人々の関与の深さに驚き、次のように書いている。「話し合いの場には、さまざまな年齢と民族の人がいて、自宅でカリフォルニアのチームが出場するワールドシリーズのゲームを見ることもできるのに、ここへ来て、ルールや投票手続きについて話している。それも、きわめて熱心に、である」(注16)

研究者たちが繰り返し述べるのは、教育レベルに関係なく、真剣に取り組むかぎり、誰もが十二分に貢献できる、ということだ。

(5) 汚職から透明性へ

ポルト・アレグレで市民参加型予算が行われるようになる前は、政治家に話を聞いてもらいたい住民は、その事務所の外で何時間も待つことを覚悟した。しかし、そうやって会えば、賄賂を渡すこともできた。

長年にわたってポルト・アレグレを調査してきたブラジル人の社会学者によれば、市民参加型方式は、賄賂を贈るという昔ながらの文化を徐々に衰えさせた。人々が市の財政を詳しく知るようになったせいで、政治家は、賄賂をもらって仕事を与えるのが難しくなったのだ。（注17）「わたしたちは市民参加型予算を組織運営のツールと見なしている」と、シカゴの住人は言う。「それを通してわたしたちの仲間は、市の予算をより詳しく知ることができるし、他の市政についても、担当する市会議員に要求することができる」（注18）。要するに、市民参加型予算は政治と人々を分かつ溝を埋めるのだ。

(6) 利己主義から連帯感へ

近年、社会の分断について、どれほど多くの本が書かれてきたことだろう。わたしたちはより良い医療、より良い教育、より少ない貧困を望むが、ただ望むだけでなく、自らが支援することも必要だ。

信じがたいと思うかもしれないが、市民参加型予算によって人々は進んで税金を払う気になることが、複数の研究によって明らかになった。ポルト・アレグレでは、市民は税率を上げることさえ要求した。政治学者に言わせれば、考えられないことだ。（注19）

「カウンシル税（英国の地方税）の総額がこれほど多いとは知りませんでした」と、レスター・イーストの住民は熱く語った。「その使い道を明らかにすることは非常に有益でした」[注20]。市民参加型予算は、税金を、市民が社会の一員として支払う寄付金に定義しなおす。予算編成に参加した人の多くは、その経験によって初めて本当の市民になったと感じたと言う。一年後、ポルト・アレグレのある市民が語ったように、市民は自分のコミュニティを超えて考えることを学ぶ。つまり、「市の全体を見なければならない」ことを学ぶのだ[注21]。

(7) 不平等から尊厳へ

民主主義の冒険に乗り出す前のポルト・アレグレは、財政上の苦境に陥っていた。人口の三分の一がスラムに住んでいた。

しかし、その後、状況は急速に変わっていった。そのスピードは、市民参加型予算を採用していない都市よりはるかに速かった[注22]。上水道の普及率は、一九八九年には七五パーセントだったが、一九九六年には九五パーセントになった。下水道の普及率は四八パーセントから九五パーセントになった。学校に通う子どもの数は三倍になり、建設される道路の数は五倍になり、脱税は急減した[注23]。

また、市民が予算編成に参加するようになると、公共施設などの贅沢なプロジェクトに使われる公金は減った。世界銀行は、ブラジルでは、特に貧しいコミュニティにおいて、より多くの公金がインフラや教育、医療に使われるようになったことを発見した[注24]。

二〇一四年に、アメリカの研究チームが、ブラジルにおける市民参加型予算の社会的・経済的影響に関する最初の大規模な研究の結果を発表した。結論ははっきりしていた。「わたしたちは、市民参加型予算が、ヘルスケアへの支出の増加、市民社会団体の増加、乳児死亡率の低下と強く結びついていることを突きとめた。このつながりは、市民参加型予算が長期的に実施されている都市や自治体でいっそう顕著だ」(注25)

一九九〇年代半ばに、英国のチャンネル4テレビが、新番組『ピープルズ・パーラメント（人々の議会）』の放送を始めた。この番組では、無作為に選んだあらゆる職業の英国人、およそ百人を、下院議会を模したスタジオに招き、ドラッグ、武器販売、少年犯罪といった物議を醸す問題について議論させた。毎回、最後には、招かれた人々は妥協点を見いださなければならなかった。

エコノミスト誌によれば、「『ピープルズ・パーラメント』の視聴者の多くは、その討論は下院での討論より質が高いと判断した。同番組の参加者は、下院議員と違って、他の人の意見に耳を傾けているように見えた」(注26)。その後、その番組はどうなったか？　打ち切りになった。プロデューサーたちは、討論があまりに穏やかで思慮深く分別がある、と感じ、もっと対立的なエンターテイメントの方がいいと考えたのだ。すなわち、わたしたちが「政治」と呼ぶものだ。

しかし、市民参加型の民主主義は、テレビのために行われた実験ではない。それは、古い民主主義がもたらした疫病に取り組むための、着実な方法なのだ。

何でもそうだが、この種の民主主義にも欠点はある。毎年の投資を重視すると、市の長期的なビジョンを犠牲にしかねない。何より、市民参加型の多くは、制約が多すぎる。ポルト・アレグレの予算は、二〇〇四年に保守連合がブラジルの政権を握った時に削減された。全てが始まった同市で、この慣例が残るかどうか、今のところわからない。

また、市民参加型予算が、今なお陰で仕切っているエリートに、隠れ蓑として利用されることもある。その場合、市民の集まりは、すでに決められていることに押すゴム印のようなものになってしまう。実に皮肉ななりゆきだが、だからといって、市民の直接の声は、否定されるべきではない。「信頼できる市民を投票用紙のように扱うと、彼らはそのように行動するが、大人として扱うと大人としてふるまう」と、歴史学者のダヴィッド・ヴァン・レイブルックは書いている。(注27)

3　コモンズ（共有財産）

わたしがアーノルド先生から共産主義について教わったのは小学四年の時だった。「それぞれの能力に応じて働き、必要に応じて受け取る」、あるいは、（何年も後に）オックスフォード英語辞典で読んだように、「すべての財産はコミュニティによって所有され、各人はその能力と必要に応じて貢献し、受け取る、社会組織の理論、または体制」である。(注28)

子どもの頃には、それはすばらしいアイデアのように思えた。すべてを共有するなんて、すごい！　しかし、その後の年月に、多くの子どもと同様に、わたしは残念な事実に直面した。すべてを平等に共有するのは良いアイデアかもしれないが、実のところ、共産主義は、無秩序、貧困、さらに悪いことに、大虐殺をもたらすのだ。レーニンやスターリン支配下のソビエト連邦を見てほしい。毛沢東支配下の中国を。ポル・ポト支配下のカンボジアを。

近年、共産主義は、異論の多いイデオロギーのリストのトップになっている。共産主義は機能しない、と言われる。なぜならそれは、人間の本性についての歪んだ理解に基づいているからだ。私有財産を認めなければ、わたしたちはやる気をなくし、たちまち何事にも無関心な寄生者になるはずなのだ。

少なくとも、そう言われている。

けれども、当時わたしはまだ一〇代だったが、共産主義が、一般市民には発言権がない国々の残忍な支配体制——絶大な警察国家と堕落したエリートによる支配体制——だけを理由に、失敗と見なされるのはおかしい、と思った。

当時のわたしが知らなかったのは、共産主義——少なくとも、公式の定義による共産主義は、ソビエトのシステムとは大違いで、数百年にわたって成功してきたということだ。わたしたちは日々、それを実践している。長年にわたって資本主義が繁栄してきたが、経済活動の大部分は、依然として共産主義モデルに従って動いている。しかし、それがあまりに普通で、あまりに明白なせいで、わたしたちは気づいていないのだ。

簡単な例をあげよう。あなたは夕食の席についているが、塩に手が届かない。そこで、「塩をとってください」と言うと、誰かが——無料で——塩をとってくれる。人間はこういった種類の、人類学者が「日常の共産主義」と呼ぶものが好きで、公園や広場、音楽や物語、

砂浜やベッドを共有している。(注29)

おそらく、この気前の良さの最たる例は、家庭だろう。世界中の数十億の家庭が、共産主義者の原理に基づいて営まれている。親は所有物を子どもと共有し、可能な限り子どもに貢献する。ここに「経済（economy）」という言葉が生まれる。それは古代ギリシア語のoikonomiaに由来し、本来の意味は、「家庭の管理」である。

職場でも、わたしたちは絶えず共産主義的姿勢を見せる。たとえばわたしは、本書の執筆中に、数十人の同僚からの批判的なアドバイスに大いに助けられたが、彼らは貴重な時間を使ったのに、一切報酬を求めなかった。企業も内部の共産主義を好む。なぜなら、その方が効率的だからだ。

しかし、見知らぬ人に対してはどうだろう？　結局のところ、わたしたちはすべての物をすべての人と共有するわけではない。しかし、あなたは道を尋ねた人に、お金を請求したことがあっただろうか。あるいは、後から来る人のためにドアを開けておいた時や、誰かを傘の中に入れてあげた時に、代金を請求したりしただろうか。あなたがそういう行為をするのは、見返りを期待してではなく、それが礼儀正しいことであり、他の人も自分のためにそうしてくれると思っているからだ。

わたしたちの暮らしはこれらの共産主義的行為に満ちている。「共産主義（communism）」という言葉は、「協同」を意味するラテン語のcommunisに由来する。共産主義は、市場、国家、官僚政治の基盤と見なすことができる。これによって、二〇〇五年にニューオーリンズで見られたような、自然災害の後に協力と利他的行為が急増することを説明できるかもしれない。大惨事が起きると、人間はルーツに戻るのだ。

もちろん、すべてのものに値段をつけるのは不可能であるのと同様に、「能力に応じて働き、必要に応じて受け取る」という共産主義の理想を、すべてに適用できるわけではない。しかし、細かく見てみれば、わたしたちは日常的に、何かを独占するより、互いと共有しがちであることに、あなたは気づくだろう。

この共有という基盤は、資本主義の要になっている。顧客の気前の良さにすっかり甘えている企業がどれほどあるか、考えていただきたい。フェイスブックは数百万のユーザーが無料でシェアする写真や動画がなければ、その価値はずっと低くなるだろう。エアビーアンドビーにしても、旅行者が無料で投稿する無数のレビューがなければ、長続きしなかったはずだ。

では、わたしたちはなぜ、これほどまでに、自分の内なる共産主義に気づかないのだろう。それはおそらく、人と共有しているものを、大したものではないと考えているからだ。わたしたちはそれらを共有することを当たり前だと思っている。セントラルパークでの散歩が気持ちいいことは、印刷して配らなくても誰もが知っている。きれいな空気は、それを吸いなさいと指示する必要はない。そしてあなたは、空気やリラックスできる砂浜や、あなたが物語るおとぎ話が、誰かのものだとは思わない。

それらが誰かのものになるのは、誰かがその空気を貸し出すことにしたり、その砂浜を専有したり、おとぎ話の著作権を主張したりする時だけだ。そうなると、あなたは思う。ちょっと待って、これは皆のものではなかったのか、と。

わたしたちが共有するものは共有財産《コモンズ》と呼ばれる。コモンズには、コミュニティが共有し、民主的に管理しているほぼすべてのもの――コミュニティの公園からウェブサイト、言語、湖まで――が含まれる。コモンズには、自然の恵み（飲料水など）もあれば、人間の発明（ウィキペディアなどのウェブサイト）もある。

数千年にわたって、地球上のほぼすべての物はコモンズだった。移動民だった祖先たちは私有財産という概念をほとんど持たず、国という概念はまったく持っていなかった。狩猟採集民は自然を、全ての人々に必要なものを与えてくれる「恵みの場所」と見ていて、発明品や楽曲の特許を取るなどということは想像もしなかった。第3章で見たように、ホモ・パピーが成功できたのは、人の真似がうまかったからだ。

しかし、一万年前から、コモンズの大部分が市場や国家に奪い取られるようになった。それを始めたのは最初の首長や王で、それまですべての人が共有していた土地の所有権を主張した。

そして今日では主に多国籍企業が、水源から救命薬、新しい科学知識から誰もが歌う楽曲まで、あらゆる種類のコモンズを独占している。（たとえば、一九世紀のヒット曲『ハッピー・バースデイ』は、二〇一五年までワーナー・ミュージック・グループが著作権を所有し、使用料として数千万ドルを得ていた）。

あるいは、世界中の都市のいたるところを見苦しい看板で覆っている広告業界について考えてみよう。もし誰かがあなたの家にスプレーで落書きしたら、破壊行為と見なされる。しかし、広告のためなら、公共の場を汚すことが許され、経済学者はそれを「成長」と呼ぶのだ。

コモンズという概念は、アメリカの生物学者ギャレット・ハーディンがサイエンス誌に発表した論文によって広く認知された。一九六八年のことだった。その年、世界各地で暴動や大規模デモが多発し、何百万人もが街頭で「現実的になれ。不可能を可能にしろ」と叫んだ。だが、保守的なハーディンはそうではなかった。彼のわずか六ページの論文は、ヒッピーの理想主義をつぶした。そのタイトルは？「共有地《コモンズ》の悲劇」である。

「すべての人に開放された放牧地を想像しよう」とハーディンは書いた。「一人ひとりの牧夫はそこでできるだけ多くの牛を飼おうとするだろう」しかし、過放牧は、不毛の荒地しか残さない。個人レベルでは理にかなっていることが、集団レベルでは惨事をもたらすのだ。ハーディンは「悲劇」という言葉を、残念だが避けられない運命というギリシア的感覚で用い、「共有地での自由はすべての人に破滅をもたらす」と述べた。(注30)

ハーディンは残酷な結論に至ることを恐れなかった。国々はエチオピアを食糧援助すべきかという問いに対して、彼はこう答えた。「すべきでない。食糧が増えると、子どもが増える。そうなると、食糧はさらに不足する」。(注31)イースター島の運命を悲観的に語った人々と同じように、彼は人口過多を最大の悲劇と考え、生殖の権利を制限することを解決策と見なした。（しかし、自分は例外だったようだ。彼は四人の子どもの父親だった）。

ハーディンの論文の影響は、きわめて大きかった。この論文は、これまでに科学雑誌に掲載された論文の中で最も広範に転載され、世界中の数百万人が読んだ。(注32)あるアメリカの生物学者は、一九八〇年代にこう断言した。「(「コモンズの悲劇」は）すべての学生に読まれるべきだ。それどころか、もしわたしの思い通りになるなら、すべての人間に読ませたい(注33)」

最終的に「コモンズの悲劇」は、市場と国家の成長を後押しする、最も強力な宣伝になった。コモンズは、痛ましくも破滅する運命にあるため、わたしたちが生き延びるには、国家の見える手か、市場の見えざる手のどちらかが必要だ。この二つのもの――クレムリンかウォール街――だけが、利用できる選択肢だと思えた。そして、一九八九年にベルリンの壁が崩壊すると、残るのは一つだけになった。市場、すなわち資本主義が勝利し、わたしたちはホモ・エコノミクスになったのだ。

4 コモンズ研究で女性初のノーベル経済学賞

公平を期して言えば、ハーディンの主張に影響されなかった人が少なくとも一人いた。エリノア・オストロムは、大学が女性を歓迎しなかった時代の、意欲的な政治経済学者であり、研究者だった。そして、ハーディンと違って、理論モデルにほとんど興味を持っていなかった。オストロムが知りたかったのは、現実の人間が現実の世界でどのように行動するかということだった。

ハーディンの論文が重大な要素を見落としていたことにオストロムが気づくまでに、長くはかからなかった。人間は話すことができる。農民や漁師や隣人は、草原が不毛の地に変わったり、湖が乱獲されたり、井戸が干上がったりするのを防ぐために、話し合って意見を統一することができる。イースター島の住民が協力し続けたり、市民参加型の予算を組む人々が、建設的な対話を通じて決定を下したりするように、普通の人々はあらゆる種類のコモンズをうまく管理できるのだ。

オストロムは世界中のコモンズの例を記録するためのデータベースを立ち上げ、スイスの共有放牧地や日本の耕作地からフィリピンの共同灌漑やネパールの貯水池までを記録していった。そのいずれを見ても、ハーディンが主張したような悲劇は起きていなかった。(注34)

確かに、共有財産が利害の対立や貪欲さの犠牲になることはあるが、それは避けられないことではない。オストロムと彼女のチームは、機能しているコモンズの事例を五〇〇〇件以上集めた。漁業権をくじ引きで決めるトルコのアランヤの漁師や、乏しい薪の使い道を話し合って決めるスイスのテルベル村の農民のように、その多くは何世紀もの歴史があった。

オストロムは革新的な著書『Governing the Commons（共有財産の管理）』（一九九〇年）の中で、コモンズの管理を成功させるための一連の「設計原理」を述べている。例えば、コミュニティには、最低限の自治権と効果的な監視システムが必要とされる。しかし、コモンズの特徴はその土地の状況によって決まるので、成功のための青写真はないことを、オストロムは強調する。

徐々に、オストロムが所属する学部までもがコモンズのようになってきた。一九七三年、オストロムと彼女の夫はインディアナ大学に「政治理論と政策分析に関するワークショップ」を開設し、世界中の学者を招いてコモンズについて研究した。ワークショップという形式を選んだのは、同大学にそれを束縛するルールがなかったからだ。このワークショップは討論と発見の中心になり、やがてはアカデミックなヒッピー・コミューンのようになった。フォークソングを歌い、パーティを主催するのはオストロムだ。(注35)

そして、何年も後のある日、ストックホルムから電話がかかってきた。二〇〇九年、エリノア・オストロムは女性として初めてノーベル経済学賞を受賞した。(注36) この受賞は強力なメッセージを送った。一九八九年のベルリンの壁崩壊と、二〇〇八年の資本主義の危機（リーマンショック）の後、ついにコモンズ――国家でもなく市場でもない、もう一つの道――に、ふさわしいスポットライトがあたったのだ。

5 楽観主義でも悲観主義でもない、可能主義

ニュース速報になるようなことではないが、以来、コモンズはめざましい復活を遂げた。

既視感があるのは、そうなったのが初めてではないからだ。中世後期のヨーロッパでは、共有の精神が高まった。歴史学者のティーネ・デ・モーアはそれを「静かな革命」と呼ぶ。一一世紀から一三世紀までのこの時期、集団が管理する牧草地が増え、水道委員会やギルドやグループホームも次々に現れた。(注37) これらのコモンズは数百年にわたってうまく機能していたが、一八世紀になると、圧力がかかり始めた。

啓蒙時代の経済学者たちは、集団が管理する農地は、生産能力を十分に発揮できていないと考え、政府に囲いを作るよう助言した。つまり、共有農地を裕福な地主たちが分割して所有し、その管理下で生産力を向上させようとしたのだ。

一八世紀における資本主義の発展は自然な成り行きだと、あなたは考えているだろうか。とんでもない。農場にいた農民を工場へと導いたのは、市場の見えざる手ではなく、国家の無慈悲な手であった。世界のあらゆる場所で、「自由市場」が計画され、政府によってトップダウンの形で強制された。[注38]一九世紀末になってようやく、市民や労働者の組合が、ボトムアップの形で自発的に生まれ、二〇世紀の社会的セーフティーネットシステムの基盤が築かれた。

今、再び、同じことが起きている。囲いと（国家が計画したトップダウンの）市場原理に続いて、ボトムアップの形で静かな革命が起きようとしているのだ。近年、特に二〇〇八年の金融危機以来、介護の協同組合、病欠のための基金、エネルギー協同組合といったイニシアチブが急増している。

「歴史が語るのは、人間は基本的に助け合う生き物、つまりホモ・コーペランスだということです」と、デ・モーアは指摘する。「市場開発と民営化が加速した時期の後、わたしたちは、長期的な協力を前提とする制度を構築してきました[注39]」

では、わたしたちは共産主義を減らしたいのだろうか、増やしたいのだろうか。

わたしは高校の経済学の授業で、こう教わった。――人間の本性は利己的だ。資本主義はこの本性に根差しており、買う時も、売る時も、取引する時も、人は常に自分の利益を最大にしようとする。この生まれながらの性質に、国家は少々の連帯感を付加することができるが、それは高所からのトップダウンによってのみ可能であり、監視と官僚制なしには起こり得ない――。

しかし今では、この見方は完全に逆だということがわかる。わたしたちの自然な傾向は、連帯を好み、一方、市場は上から押しつけられる。この数十年間にヘルスケアを市場に変えるために注ぎ込まれた数十億ドルについて考えてみよう。なぜそうする必要があったのだろう？　それは、人間は本来、利己的でないからだ。

だからと言って、健全で効果的な市場が少ないというわけではない。そして、もちろん、過去二〇〇年間の資本主義の台頭が、大いに繁栄をもたらしたことを忘れてはならない。そういうわけで、デ・モーアは、自らが「制度的多様性」と呼ぶものを提唱する。それは、市場という形式や国家による管理が最善となる場合もあるが、それらすべてを支えるのは、協力的な市民による共同体的な強い基盤だ、という考えだ。

現段階では、コモンズの未来はまだ不確かだ。コモンズへの関心が復活しているとはいえ、それらは包囲されている。たとえば、水源を買い占めたり、遺伝子の特許をとったりする多国籍企業や、大金と引き換えに何でも民営化している政府や、知識を最高値の入札者に売り飛ばす大学によって。そしてまた、エアビーアンドビーやフェイスブックなどにホモ・コーペランスの善意をすくいとらせているプラットフォーム資本主義、すなわち、シェアリング・エコノミーによって。多くの場合、シェアリング・エコノミーはシアリング・エコノミー（刈り込む経済）になり、わたしたちは皆、羊のように刈りとられる。

今のところわたしたちは、激しい対立に囚われている。一方には、世界は一つの大きな共同生活体になるべく運命づけられている、と考える人々がいる。彼らは楽観主義者で、ポスト資本主義者とも呼ばれる。共産主義と呼ばないのは、おそらくその名称が禁句だからだろう。(注40) もう一方には悲観主義者がいて、彼らは、シリコンバレーやウォール街によるコモンズへの継続的な襲撃と、不平等の拡大を予測する。(注41)

最終的に、どちらが正しいのだろうか。本当のところは誰にもわからない。しかし、わたしはエリノア・オストロムが正しいと思う。彼女は、楽観主義者でも悲観主義者でもなく可能主義者《ポシビリスト》だ。彼女は別の道があると説く。そう考えるのは、なんらかの抽象的な理論を支持するからではなく、自分の目で現実を見てきたからだ。

6　アラスカで行われた永久基金配当金

既存の資本主義モデルに代わるモデルとして、最も期待できるものの一つは、実を言うと、かなり以前から、わたしたちの近くにあった。といっても、進歩的な北欧や、共産主義の中国や、無政府状態の揺りかごになっているラテンアメリカの国々ではない。この選択肢は意外なことに、「進歩的」とか「社会主義者」といった言葉が侮辱的に使われる米国のある州からもたらされた。それはアラスカ州だ。

この考えを唱えたのは、共和党の知事、ジェイ・ハモンド（一九二二〜二〇〇五）だ。彼は無慈悲な毛皮猟師であり、第二次世界大戦では戦闘機パイロットとして日本と戦った。一九六〇年代後半にアラスカで巨大な油脈が見つかった時、ハモンドはその石油は全アラスカ人のものだと判断し、その収益を巨大な公共の貯金箱に入れることを提案した。

この貯金箱はアラスカ永久基金として一九七六年に設立された。当然ながら、次に生まれた問題は、その基金をどう使うかということだった。多くの保守的なアラスカ人はそれを州に引き渡すことに反対した。そんなことをしたら、金は消えてしまう。しかし、別の選択肢があった。それは、アラスカ州の全住民の銀行口座に、毎年、配当金を振り込むというもので、一九八二年から始まり、多い年には一人当たり三〇〇〇ドルにもなった。

今日に至るまで、この永久基金配当金――略してＰＦＤ――は、無条件で全住民に配られている。ＰＦＤは特権ではなく、権利なのだ。したがって、このアラスカモデルは、昔ながらの社会保障制度とは正反対だと言える。旧式の社会保障制度では、自分は病気、あるいは障害者、あるいはひどく困窮していることを証明し、他に何の望みもないことを証言する申請用紙を何十枚も埋めて、ようやくわずかな金額を受け取ることができる。

そのようなシステムは人々をみじめで無気力で依存的にするだけだが、条件なしの配当金は別のことをする。信頼を生むのだ。当然ながら中には、アラスカ人は配当金をアルコールやドラッグに浪費するだろうと冷笑的《シニカル》な見方をする人もいた。しかし、現実を見る限り、そんなことは起きていない。

ほとんどのアラスカ人は配当金を教育や子育てに使った。二人のアメリカ人経済学者が行った綿密な分析により、ＰＦＤは雇用に有害な影響を及ぼさず、貧困を大幅に解消したことが明らかになった。(注42) ノースカロライナ州で行われた類似の現金給付実験では、予想外の好ましい効果が数多く見られた。医療費は下がり、子どもたちの学校の成績は上がり、初期投資費用を効果的に回収できた。(注43)

アラスカのこの共有財産哲学を取り入れ、さらに広範に適用したらどうなるだろう？　地下水、天然ガス、納税者のお金によって可能になった特許などのすべてがコミュニティに属していると、わたしたちが宣言したら、どうなるだろう。それらのコモンズの一部が私物化されたり、地球が汚染されたり、二酸化炭素が大気中に排出されたりしたら、わたしたちはコミュニティのメンバーとして、補償されるべきではないだろうか(注44)。

このような基金は、わたしたち全員に、別のさらに大きな利益をもたらす。信頼と帰属意識を前提とする、この無条件の配当金は、個々人に自分で選択する自由を与えてくれる。すなわち、住民のためのベンチャーキャピタルなのだ。

いずれにせよ、アラスカでＰＦＤは明らかに大成功をおさめた。政治家はそのシステムを変えることを考えただけで、キャリアを棒に振りかねない(注45)。成功したのは、誰もがお互いを見張っているからだ、という人もいるだろう。だが、おそらく、ＰＦＤの評判がとても良いのは、ポルト・アレグレやトレスの真の民主主義のように、左派と右派、市場と国家、資本主義と共産主義との古い対立を超越しているからだろう。これは、誰もが分かち合う新しい社会へと向かう独自の道なのだ。

Part 5

もう一方の頬を

THE OTHER CHEEK

「もしあなたがある人に報復したいのであれば、その人を傷つけなければならない。しかし、彼を矯正するつもりなら、向上させなくてはならない。そして人間は、傷つけられても向上しない」

ジョージ・バーナード・ショー（1856-1950）

　少し前のことだ。ニューヨークのブロンクスで働くフリオ・ディアという若いソーシャルワーカーが、仕事を終え、地下鉄に乗った。ほぼ毎日そうしているように、彼はお気入りの店で夕食をとるために、一駅前で降りた。

　しかし今夜は、他の夜とは違った。地下鉄の無人の駅からレストランへ向かう途中、物陰から人が飛び出てきた。ティーンエイジャーで、ナイフを握っている。「わたしは黙って財布を渡した」と、後にフリオはジャーナリストに語った。盗みに成功した少年が走り去ろうとした時、フリオは誰も予想しないことをした。

「おーい、ちょっと待って」と、彼は強盗を追いかけた。「今晩、この後も盗みをするつもりなら、わたしのコートも取り上げて、暖かくしていきなさい」。

　少年は信じられないといった様子でフリオを振り返った。「何でそんなこと言うの?」

「きみはたった数ドルのために、自分の自由を危険にさらそうとしているのだから」とフリオは答えた。「よほどお金が必要なんだろう。わたしは夕食をとりたかっただけだ。よかったら一緒に来ないか？　歓迎するよ」

少年は同意した。少し後には、フリオとその強盗はレストランのボックス席に座っていた。ウェイターは彼らを暖かく迎えた。店のマネージャーがやってきて、フリオとちょっとおしゃべりをした。洗い場の人まで、いらっしゃいとフリオに声をかけた。

「皆と知り合いなんだね」と少年は驚いて言った。「この店のオーナーなの？」

「違うよ」とフリオは言った。「よくここで食べているだけさ」

「でも、あんたは皿洗いにも挨拶するんだね」

「そう、誰に対しても親切にしなさいって、きみも教わっただろう？」

「うん」と少年は言った。「でも、人が本当にそうするとは思わなかった」

フリオと少年が食事を終えると、勘定書が来た。しかし、フリオには財布がなかった。

「いいかい」と彼は少年に言った。「きみが支払わないといけないようだ。きみがわたしのお金を持っているので、わたしには払えないからね。でも、財布を返してくれるのなら、喜んでごちそうするよ」。

少年は財布を返した。フリオは勘定を支払い、少年に二〇ドルを渡した。条件が一つある、とフリオは言った。それはナイフを自分に渡すことだった。

後にジャーナリストが、強盗しようとした少年になぜ夕食をおごったのか、とフリオに尋ねたところ、彼はこう即答した。「あなたもご存じの通り、こちらが相手を尊重すれば、相手もこちらを尊重してくれるものです。この複雑な世界で、これ以上ないほど単純なことですよ（注1）」

わたしが友人に、このフリオの親切な行いについて話すと、彼は「悪いけど、むかしむかしてきた」と言った。

たしかに、この話は少々甘ったるい。子どもの時に教会で聞いた、お決まりの教訓を思い出させる。そう、マタイによる福音書伝五章、山上の垂訓だ。

あなたがたも聞いているとおり、「目には目を、歯には歯を」と命じられている。しかし、わたしは言っておく。悪人に手向ってはならない。誰かがあなたの右の頰を打つなら、左の頰をも向けなさい。あなたを訴えて下着を取ろうとする者には、上着をも取らせなさい。そして一マイル行くように強いるなら、一緒に二マイル行きなさい。

そう、あなたはこう思うだろう。すばらしい考えだ、イエスよ。――もしわたしたち全員が聖人なら。問題は、わたしたちは皆、あまりにも人間だということだ。そして現実の世界では、左の頰を向けるのはお人好しすぎる。そうでしょう？

わたしは最近になってようやく、イエスの教えが理にかなっていることを悟った。現代の心理学者はそれを、「非相補的行動」(noncomplementary behavior) と呼ぶ。わたしが先に述べたように、たいていの場合、わたしたちは互いを映し出す鏡になる。誰かがあなたを褒めてくれたら、あなたはお返しにすぐその人を褒めるだろう。誰かに不愉快なことを言われたら、仕返しに嫌味の一つも言ってやりたくなる。相手の出方に応じてこちらの出方を決める、これは「相補的行動」だ。これまでの章では、この正と負のフィードバック・ループが、学校、企業、民主主義においてどれほど強く働くかを見てきた。

優しくしてくれる人に優しくするのは簡単だ。だが、それだけでは不十分だ。再びイエスの言葉を引用すると、「自分を愛してくれる人を愛したところで、あなたがたにどんな恵みがあるだろうか。罪人でも、愛してくれる人を愛している。また、自分によくしてくれる人に善いことをしたところで、どんな恵みがあるだろうか(注2)」。

問題は、さらに一歩進めるか、ということだ。自分の子ども、同僚、近隣の人だけでなく、敵に対しても最善を尽くしたらどうなるだろう？ そうするのはかなり難しく、直感に反するように思える。二〇世紀でおそらく最も偉大な英雄である、マハトマ・ガンジーとマーティン・ルーサー・キング・ジュニアに目を向けてみよう。彼らは非相補的行動のプロだったが、それ以前に、人として類まれな資質を備えていた。

わたしたちはどうだろう。あなたやわたしは、左の頰を向けることができるだろうか。また、より大きな規模で、例えば監獄や警察署で、あるいはテロリストの攻撃の後や戦時に、非相補的行動を人々にとらせることができるだろうか。

第16章　テロリストとお茶を飲む

1　リゾートみたいな刑務所

ノルウェーの首都オスロの六〇マイルほど南の森の中に、世界で最も変わった刑務所がある。そこでは、監房や鉄格子は見かけない。拳銃や手錠を腰からぶら下げた看守の姿もない。見えるのはカバノキとマツの森、そして歩道が交差するなだらかな風景だけだ。高い鉄の壁がその全てを囲んでおり、唯一それだけが、人々が自ら望んでここにいるわけではないことを思い出させる。

このハルデン刑務所の受刑者は、個室を持っている。床暖房付きで、フラットスクリーンのテレビや、専用の浴室もある。自分で調理できるキッチンがあり、磁器の皿とステンレス製のナイフが備えられている。図書館、フリークライミングの壁、設備の整った音楽スタジオもあり、受刑者は、希望すればレコーディングもできる。アルバムは独自のレーベルで販売される。レーベル名は、冗談抜きに、「クリミナル・レコード（前科）」だ。現在までに三人の受刑者が「ノルウェー・アイドル」（オーディション番組）に出場した。史上初の刑務所ミュージカルの制作も進行中だ。（注1）

ハルデンは「非相補的な刑務所」と呼ぶにふさわしい。スタッフは、受刑者の態度をそのままお返しするのではなく、左の頬を向ける——筋金入りの重罪犯に対してさえも。実のところ、ここの看守は武器を携帯しない。「わたしたちは彼らに語りかけます」とある看守は言う。「それがわたしたちの武器なのです（注2）」

あなたは、ここがノルウェーで最も寛容な刑務所だと思うかもしれないが、そうではない。ハルデンは最もセキュリティが厳重な刑務所で、麻薬の売人、性犯罪者、殺人犯を合計約二五〇人収容する、国内で二番目に大きい刑務所だ。

もっと寛容な刑務所を見たければ、それはほんの数マイル離れたところにある。バストイ刑務所は、絵に描いたような島にあり、刑期の最後の数年を過ごす一一五名の重罪犯を収容している。ここでの生活は、ＢＢＣの「監獄実験」に似ている。ドラマを期待したのに、平和主義の生活共同体になってしまった退屈なリアリティショーだ（第7章参照）。

この島の写真を初めて見た時、わたしは自分の目を疑った。受刑者と看守が一緒にハンバーガーをひっくり返している？　泳いでいる？　日光浴している？　正直なところ、刑務所のスタッフと受刑者を区別するのは難しかった。バストイの看守は制服を着用せず、受刑者と同じテーブルに座って一緒に食事をとっているのだ。

この島にはさまざまな娯楽が揃っている。映画館、日焼けマシン。スキー場も二つ。数名の受刑者はバストイ・ブルースバンドを結成し、テキサスの伝説的なロックバンド、ZZトップの前座をつとめた。島には教会、食料品店、図書館もある。

バストイは高級リゾートのように思えるかもしれないが、それほどのんびりできるわけではない。受刑者はそのコミュニティを維持するために懸命に働く。耕し、植え、収穫し、調理し、木を切って製材し、大工仕事をしなくてはならない。すべてをリサイクルし、食料の四分の一を自給している。受刑者が操縦するフェリーで本土に通勤する受刑者もいる。

そして、そのような作業のために、彼らはナイフやハンマーなど、殺人の武器になるものを使う。木を倒す必要があればチェーンソーも使う。その受刑者が殺人で用いた武器が――お察しのとおり、――チェーンソーだったとしても。その受刑者が自制心を失ったらどうなるのか？　大勢の殺人者にリゾート行きを宣告するのは甘すぎるのでは？　あなたがバストイのスタッフにそう尋ねたくなるのも無理はない。ノルウェーでは、看守の四〇パーセントは女性で、全員が二年間の訓練プログラムを受ける。受刑者を見下したり辱《はずかし》めたりするよりも、彼らと友だちになるほうが良い、と将来の看守たちは教わる。

ノルウェー人はこれを「動的セキュリティ」と呼び、昔ながらの「静的セキュリティ」――鉄格子のある監房、有刺鉄線、監視カメラのある刑務所――と区別している。ノルウェーでは、刑務所は悪い行動を防ぐところではなく、悪意を防ぐところなのだ。看守は、受刑者が正常な生活を送れるよう、最善を尽くすのが自分たちの義務だと考えている。この「正常の原理」によると、壁の中の生活は、外の生活とできるだけ近いものであるべきなのだ。

そして、信じがたいことに、この手法はうまくいっている。ハルデンとバストイには、穏やかなコミュニティが育っている。従来の刑務所は典型的な「トータル・インスティテューション（全制的施設）」では、いじめがはびこっているが（第14章参照）、ノルウェーの刑務所では、受刑者は仲良く暮らしている。争いが起きた時は、両者は席に着いて徹底的に話し合わなくてはならず、握手を交わすまで、席を立つことは許されない。

「簡単なことです」とバストイの刑務所長、トム・エーベルハルトは語る。「汚物のように扱えば、人は汚物になる。人間として扱えば、人間らしく振る舞うのです」（注3）。

それでも、わたしはまだ納得できなかった。非相補的な刑務所の方がうまくいくという理屈は理解できたが、直感的に、間違っているように思えた。これらの殺人者が楽園のような場所へ送られていることを知ったら、被害者はどう思うだろう。

しかし、トム・エーベルハルトの説明を読んで、合点がいき始めた。まず、ほとんどの受刑者は遅かれ早かれ釈放される。ノルウェーではその九〇パーセント以上が、一年以内に釈放され、当然ながら誰かの隣人になる（注4）。エーベルハルトはアメリカ人ジャーナリストにこう述べている。「わたしは世間の人々に、こう問いかけています。わたしたちは毎年、誰かの隣人を釈放しています。彼らを時限爆弾として釈放してほしいですか、と」（注5）

最終的に、何より重要なのは結果だということにわたしは気づいた。このような刑務所はどのような結果を出しているだろう。二〇一八年の夏、ノルウェーとアメリカの経済学者からなるチームがこの問題に取り組んだ。彼らは再犯率に着目した。チームの計算によると、ハルデンとバストイのような刑務所の受刑者の再犯率は、地域社会への奉仕や罰金を言い渡された犯罪者より約五〇パーセント低かった。(注6)

わたしは唖然とした。約五〇パーセントも？　前代未聞の数字だ。それは、個々の有罪判決に対して、将来起きる犯罪が平均で一一件減ることを意味した。加えて、元受刑者の就業率は四〇パーセント高い。ノルウェーの刑務所に入ると、人生の進路が確実に変わるのだ。

ノルウェーでの再犯率が世界で最も低いのは、偶然ではない。対照的に、アメリカの刑務所システムがもたらす再犯率は、世界最高レベルだ。アメリカでは、受刑者の六〇パーセントが二年以内に刑務所に戻るが、ノルウェーではその数字は二〇パーセントだ。(注7)バストイではさらに低く、わずか一六パーセントで、その刑務所は、ヨーロッパはもとよりおそらく全世界で最高の矯正施設になっている。(注8)

なるほど、素晴らしい結果だ。だが、ノルウェーの方法は、おそろしくコストがかかるのではないだろうか。

二〇一八年の論文の最後で、経済学者たちはそのコストと利益を集計している。彼らの計算によると、ノルウェーの受刑者の収容にかかる費用は、有罪判決一件あたり平均六万一五一ドルで、アメリカのほぼ二倍だ。しかし、これらの前科者がふたたび犯罪に走ることが少ないので、ノルウェーの法執行機関の出費は、一人あたり七万一二二六ドル節約できる。また、彼らの多くは働き口を見つけ、政府の支援を必要とせず、税金を支払うため、さらに平均で六万七〇八六ドルの節約になる。最後に重要なこととして、犯罪被害者の数が減ることの価値は計り知れない。

では、結論は？　控えめに見積もっても、ノルウェーの刑務所システムは二倍以上、元が取れている。ノルウェーの手法は考えの甘い社会主義的な逸脱などではない。より優れていて、より人道的で、より安価なシステムなのだ。

2　未来の刑務所はなぜアメリカで頓挫したか

一九六五年七月二三日、リンドン・B・ジョンソン大統領の招集を受けて、一九名の犯罪学者がワシントンD.C.で委員会を立ち上げた。任務は、今後二年間で、米国の法執行システムを警察から拘留まで全面的に、かつ抜本的に、改革することだ。

一九六〇年代は不穏な時代だった。若者たちは権力に強く反発し、犯罪率は高まる一方で、古い刑事司法制度では対処しきれなくなっていた。犯罪学者たちは、今こそ大々的な改革が必要だと判断した。彼らが最終的に出した報告書には、二〇〇以上の勧告が含まれた。救急サービスの徹底的な整備、警察訓練の強化、全国的な緊急通報システムの必要性が強調され、911（緊急電話番号）が誕生した。

しかし、最も抜本的な勧告は、刑務所に関するものだった。委員会は率直にこう述べている。

多くの矯正施設での生活は、良くても不毛かつ無益であり、悪くすれば、言葉にできないほど残忍で下劣である。……受刑者の生活環境は劣悪で、彼らの社会復帰を後押しするにはとうてい至らず、むしろ往々にして、不正や破壊の習慣を強化している。（注9）

今こそ全面的な改革の時だ、と委員会は主張した。鉄格子、監房、延々と続く廊下は不要だ。「建築に関していえば、模範となる施設は可能なかぎり、通常の住宅に似たものになるだろう」と専門家は助言した。「たとえば、部屋には鉄格子ではなくドアがある。受刑者は打ち解けた雰囲気の中、小さな食卓で食べる。刑務所内には、教室、レクリエーション施設、談話室、さらには店や図書館もあるべきだ(注10)」。

このようにアメリカが現在のノルウェーのものに似た刑務所システムを構築しかけていたという事実は、あまり知られていない。この「新世代」の刑務所を作るという試みは、六〇年代後半に始まった。それらの施設では、服役者は自分の部屋をもち、部屋のドアを開けると共有エリアがあり、そこでは他の受刑者と会話したり、読書やゲームをしたりできる。彼らを監督する看守は非武装だ。床には柔らかなカーペットが敷かれ、布張りの家具や磁器製のトイレが備えられている(注11)。

御覧なさい、これが未来の刑務所だ、と専門家は言った。

今から振り返ると、風向きがいかに速く変わったかは衝撃的だ——そして、その原因が何であったかも。それはフィリップ・ジンバルドから始まった。一九七三年二月に「スタンフォード監獄実験」に関する最初の論文を発表した人物だ。彼は、本物の刑務所に足を踏み入れたことはなかったが、刑務所はどれほど飾り立てても本質的に野蛮なところだ、と主張した。

一年後に悪名高い「マーティンソン報告」が世に出ると、ジンバルドの主張は歓迎され、人気を博した。その報告書をまとめたロバート・マーティンソンはニューヨーク市立大学の社会学者で、優れた科学者だが少々偏っている、という評判だった。彼はまた、ある使命感を抱いていた。若い頃、公民権運動の活動家だった彼は、三九日間投獄された（そのうち三日間は独房に入れられた）。この恐ろしい経験から彼は、刑務所はすべて野蛮な場所だと確信していた。

六〇年代後半、学位を取得したばかりのマーティンソンは、犯罪者の更生の支援を目的とした大規模プロジェクトに参加した。そのプロジェクトの目的は、講座、治療、監督といった幅広い矯正戦略の効果を分析することだった。マーティンソンは、他の二人の社会学者とともに、世界中で行われた二〇〇以上の研究からデータを収集した。最終報告は七三六ページに及び、「矯正治療の効果：治療評価研究の調査」という味気ないタイトルがつけられた。

このような複雑な研究をジャーナリストはめったに読まないことを知っていたマーティンソンは、大衆向けの雑誌に論文の要約を発表した。タイトルは、「どれに効果があったか？結論：何をしても無駄」である。マーティンソンはこう書いている。「わずかな例外はあるものの、これまでに報告されている矯正の取り組みは、再犯に対して目に見える効果を上げていない[注12]」。この進歩的な社会学者は――フィリップ・ジンバルドとほぼ同じく――刑務所は無意味な場所であり、全て閉鎖されるべきだということを、誰もに知ってほしかったのだ。

しかし、そうはならなかった。

最初、メディアはこのカリスマ的な社会学者をもてはやした。新聞紙上やテレビ番組で、彼は辛辣な自説を繰り返し語った。その一方で、彼の共著者二人は、頭を抱えていた。実を言えば、彼らが分析した研究の四八パーセントは肯定的で、矯正に効果があることを示していたのだ(注13)。

「マーティンソン報告」の歪んだ要約は、強硬派のための道を切り開いた。「ここに決定的な証拠がある。悪人として生まれた人は生涯、悪人のままだ」と保守的な政策立案者は言い放った。「矯正という考え方全体が人間の本性に逆らっている。腐ったリンゴは閉じ込めて捨てた方がいい」と彼らは断言した。こうして受刑者の処遇は一層厳しくなり、新世代の刑務所を作るというアメリカの試みは打ち切られた。

皮肉なことに、マーティンソンは数年後に自らの結論を撤回した。「わたしの以前の立場に反するが、矯正プログラムのいくつかは再犯防止にかなりの効果をあげていた(注14)」。それを聞いて驚いたある教授は、一九七八年のセミナーでマーティンソンに会った時に、学生にどう教えるべきだったのか、と尋ねた。マーティンソンはこう答えた。「マーティンソンはクズだ、と伝えてください(注15)」。

その頃には、ほとんど誰もマーティンソンの言葉に耳を貸さなくなっていた。マーティンソンは自分の過ちを認める論文を書いたが、それは地味な雑誌に掲載されただけだった。科学者たちはそれを「矯正に関する刑事司法討論では、おそらく最も読まれなかった論文」と評した(注16)。マーティンソンによる訂正は、新聞、ラジオ、テレビでは無視された。そして数週間後、五二歳のその社会学者がマンハッタンのアパートの十五階から飛び降りたことも、ニュースにはならなかった。

3　「割れ窓理論」は本当か

その頃には、別の人物がメディアで大きく取り上げられていた。ジェームズ・Q・ウィルソン教授である。

あなたには聞き覚えのない名前かもしれないが、アメリカの刑事司法システムが今日のようになった経過を理解するには、避けて通れない人物だ。マーティンソンが自らの命を絶った数年後、ジェームズ・ウィルソンはアメリカの歴史の進路を変えた。

ハーバード大学の政治学教授だったウィルソンは、生命倫理から薬物戦争、法治国家の未来からスキューバダイビングまで、あらゆることに持論を持っていた（注17）。（彼は体長六メートルのサメと一緒に写真を撮られるのも好きだった（注18））。

しかし、ウィルソンのライフワークの大半は犯罪に関するものだ。そして、嫌いなことが一つあるとすれば、右の頬をぶった人に左の頬を向けることだった。彼は、受刑者に親切な新世代の刑務所を嫌悪した。犯罪行動の「原因」の探究は時間の無駄だ、と彼は言った。「厄介な若者の害について不平を言う自由主義者は論点がずれている。世の中には価値のない人間が存在し、彼らは閉じ込めておくに限る。さもなければ処刑するまでだ」というのが彼の考えだった。

「現在の見識ある多くの指導者を、残酷、さらには野蛮などと攻撃することは、わたしたちの混乱を示す尺度である」とウィルソンは記している（注19）。

彼にとって、それは完全に筋が通っていた。彼の著書『犯罪についての考察（Thinking About Crime）』（一九七五年）は、政界で歓迎され、ジェラルド・フォード大統領もその年、ウィルソンの考えを「最も興味深く、有益だ」と評した。[注20] 主要な高官がウィルソンの哲学に味方した。「犯罪に対する最高の救済策は犯罪者を片づけることだ。難しいことではない」と、ウィルソンは繰り返し訴えた。

ウィルソンが司法制度に与えた影響に関する論文を何本か読んだ後に、わたしは、以前、その名前を聞いたことがあったことに気づいた。

一九八二年、ウィルソンは別の画期的アイデアを思いついた。そのアイデアは「割れ窓理論」として後に歴史の本に載る。わたしがその理論に出会ったのは、キティ・ジェノヴィーズ殺人事件と三八人の傍観者のことを初めて知ったのと同じ本においてであった。ジャーナリスト、マルコム・グラッドウェルの『ティッピング・ポイント』である。

その本のウィルソンに関する章に引きつけられたことを覚えている。一九八二年、ウィルソンはアトランティック誌への寄稿にこう記した。「割れた窓をそのまま放置したら、じきに他の窓もすべて破壊されるだろう[注21]」。誰かが窓を修理しなければ、その建物をならず者が不法占拠し、続いて麻薬中毒者が住み始める。誰かが殺されるのは時間の問題だ。

「これは犯罪の伝染理論だ」とグラッドウェルは述べている。[注22] 道端に散らかるゴミ、路上の浮浪者、壁の落書き。そうしたものは全て、殺人や暴力の前兆だ。割れた窓が一枚でもあると、ここでは秩序が守られていない、もっとやっていい、というメッセージが犯罪者に送られる。したがって、重罪と戦うのであれば、割れた窓を修理するところから始めなければならない。

最初、わたしには理解できなかった。人が毎日殺されているというのに、なぜ軽犯罪の心配をしなければならないのか？　それについてはグラッドウェルも、「タイタニック号が氷山に向かっている時に甲板の掃除をするのと同じくらい無意味」だと書いている。(注23)

しかし、続いてわたしは最初の実験について読んだ。

一九八〇年代半ば、ニューヨーク市の地下鉄は落書きだらけだった。交通局は、何か手を打たなければならないと考え、ウィルソンの共著者であるジョージ・ケリングをコンサルタントに雇った。彼は大規模な浄化を推奨した。少しでも落書きされた車両は、直ちに清掃に回され、落書きはきれいさっぱり消された。地下鉄の責任者によると、「わたしたちは徹底的に浄化を行った(注24)」。

続いて第二段階が始まった。ウィルソンとケリングの「割れ窓理論」は、違法行為だけではなく、違法行為を行う人々にも適用された。物乞い、ごろつき、浮浪者を野放しにしている都市は自ら状況を悪化させているようなものだ、と彼らは主張した。結局のところ、ウィルソンが二〇一一年に記したように、「社会秩序は脆《もろ》い」のである。(注25)他の多くの科学者と違って、ウィルソンは、貧困や差別といった犯罪の構造的原因の調査にはほとんど関心がなかった。そうではなく、重要な原因はただ一つ、「人間の本性」だと、彼は考えていた。

ウィルソンはこう考えた――たいていの人は、犯罪は割にあうかどうかという単純な損得勘定をしている。もし警察が寛容で、刑務所が過度に快適なら、より多くの人が犯罪者の道を選ぶだろう。(注26)犯罪率が上昇しているのなら、その解決策は同様に単純だ。より高い罰金、より長い刑期、より厳しい執行といった外発的動機づけによって正せばよいのだ。犯罪の「コスト」は上がり、その需要はすぐ減るだろう――。

このウィルソンの理論を実践したくてたまらない人がいた。ウィリアム・ブラットン、この物語の最後の要になるエネルギッシュな人物だ。ブラットンは一九九〇年にニューヨーク市警察の交通部門のトップに任命された。彼はウィルソンの理論の熱烈な信奉者で、アトランティック誌に掲載された最初の割れ窓理論の記事のコピーを誰彼なく配っているのは有名な話だった。

しかし、ブラットンがしようとしていたのは、窓の修繕だけではなかった。ニューヨークの秩序を立て直したかったのだ。それも、情け容赦なく。最初にその標的となったのは、地下鉄の無賃乗車だ。取り締まりは強化され、一・二五ドルの切符を提示できなかった人は、鉄道警察に逮捕され、地下鉄のホームで衆人環視の中、手錠をかけられ、整列させられた。逮捕者の数は以前の五倍になった。(注27)

この成功はブラットンの食欲を満たすどころか、さらにかきたてた。一九九四年、彼はニューヨーク市警の本部長に昇進し、まもなくニューヨークの全市民がブラットンの哲学を味わうことになった。当初、警官たちは規則や慣習に動きを妨害されたが、ブラットンはそれらを一掃した。今や、誰でも、ほんの些細な違反でも、逮捕される可能性が出てきた。公の場で酒を飲んだ、マリファナを所持していた、警官に軽口を叩いた、というだけで。ブラットン自身の言葉によれば、「街路で小便をしたら、刑務所行きだ[注28]」。

奇跡的に、この新たな戦略はうまくいっているように見えた。犯罪率は急落した。殺人率は？　一九九〇年から二〇〇〇年までの間に六三パーセント減少した。強盗は？　六四パーセント減少。車泥棒は？　七一パーセント減少[注29]。割れ窓理論は、かつてはジャーナリストに嘲笑されたが、天才的な名案だったのだ。

ウィルソンとケリングはアメリカで最も尊敬される犯罪学者になった。ブラットン本部長はタイム誌の表紙を飾り、二〇〇二年にはロサンゼルス市警察のトップに任命され、二〇一四年にはニューヨーク市警の本部長に再度任命された。彼はどの世代の警察官からも尊敬され、その信奉者は「ブラットニスタ」（ブラットン主義者）を自称した[注30]。ウィルソンはブラットンを、「わが国の警察活動における最大の変化」の功績者と評した[注31]。

4　それは人種差別へと結びついた

割れ窓理論がアトランティック誌に初めて掲載されてから、ほぼ四〇年が経った。ウィルソンとケリングの哲学はアメリカ合衆国のすみずみにまで浸透し、さらにはヨーロッパからオーストラリアにまで広まった。マルコム・グラッドウェルは『ティッピング・ポイント』において、その理論は大いに成功したと讃えた。わたし自身、最初の著書ではその理論を賛美した[注32]。

わたしが知らなかったのは、その頃にはもはや、それを信じる犯罪学者はほとんどいなかったことだ。ウィルソンとケリングの理論が疑わしい実験に基づくものであることをアトランティック誌で読んだ時に、わたしはすぐ気づくべきだった。

この実験では、研究者は環境の良い地域に車を一週間放置した。彼は待った。何も起きない。次に彼は、ハンマーを手に戻った。そして車の窓を打ち砕くと、たちまち堰は切られた。数時間もしないうちに、通行人がその車を破壊し始めたのだ。

その研究者の名は？　フィリップ・ジンバルド！

ジンバルドの車の実験は、どの科学誌にも発表されなかったが、割れ窓理論にインスピレーションを与えた。しかし、ジンバルドの「スタンフォード監獄実験」と同様に、この理論は偽りであることが暴かれてきた。たとえば、ブラットンとその熱烈な支持者による「革新的」な取り締まりは、ニューヨーク市の犯罪率の低下の原因ではなかった。その低下は、取り締まりのはるか以前から始まっていて、他の都市でも同様だった。サン・ディエゴのように、厳しい取り締まりをしなかった都市でも、犯罪率は低下していた。

二〇一五年、割れ窓理論に関する三〇の研究をメタ分析したところ、ブラットンの攻撃的な逮捕戦略が、犯罪の削減に貢献したという証拠は皆無であることが判明した。(注33)一つもなかったのだ。甲板を掃除してもタイタニック号を救えないのと同じで、交通違反切符をせっせと切っても、その地域が安全になるわけではなかった。

わたしの最初の反応はこうだった。なるほど、浮浪者や酔っ払いを逮捕しても重罪は減らないのか。それでも社会の秩序を守るのは、良いことなのでは?

これは根本的な疑問を投げかける。それは誰にとっての「秩序」なのか、と。ニューヨーク市で逮捕者が急増すると、警官の違法行為も急増した。二〇一四年までに、数千人が参加するデモ行進が、ニューヨークはもとより、ボストン、シカゴ、ワシントンを含む他の都市でも繰り広げられた。そのスローガンは、「割れた窓、奪われた生命」だった。

これは誇張ではなかった。二人の犯罪学者によれば、攻撃的な逮捕の対象となったのは、次のような人々だった。

……ブルックリン・パークでドーナツを食べていた女性。インウッドの公園でチェスをしていた人。午前四時に座席に足をのせていた地下鉄の乗客。そして、凍った寒い夜、必要になった処方薬を車で買いに行く時にシートベルトをしていなかったクイーンズ地区の老夫婦。伝えられるところでは、その夫は、薬局から数ブロック離れた自宅に歩いて戻り、身分証明書を取ってくるよう命じられた。夫が薬局に戻ると、警官はすでに投薬瓶を身分証明書の代わりにして、違反切符を切っていた。その後、夫は心臓発作を起こして亡くなった。(注34)

理論上は非常に優れているように思えたが、結局は、取るに足りない逮捕を増やしただけだった。ブラットン本部長は統計に取り憑かれたようになり、部下も同じだった。最高の数字を出せた者は昇進し、遅れを取った者は、もっと頑張るようにと叱咤された。その結果、ノルマのようなシステムが生まれ、警官たちは、できるだけ多く罰金を科し、召喚状を発行するよう、駆り立てられた。彼らは違反の捏造さえ始めた。通りで人々が話しているって？公道をふさいだという理由で逮捕しろ。子どもが地下鉄で踊っている？　治安妨害で調書を取れ。

重罪に関してはまったく話が違うことを、後に調査ジャーナリストは発見した。部署の数字が悪くなるのを避けるために、警官たちは、重大な犯罪の報告を控えめにするか、あるいは、そもそも報告しないよう、圧力をかけられた。レイプの被害者が延々と尋問を受けたこともあった。供述にささいな矛盾を見つけて、間違いだったことにするためだ。そうすれば、事件はデータに残らない（注35）。

数字だけ見れば、目覚ましい成果があがっていた。犯罪の数は激減し、逮捕者数は激増した。ブラットン本部長はニューヨークのヒーローだった。しかし、現実には、数千人もの無実の人々が容疑者にされる反面、犯罪者は自由に歩き回っていた。今にいたるまで、アメリカ中の警察署はブラットンの哲学を信じ切っている。そういうわけで科学者は、アメリカ警察の統計は当てにならないと考えている（注36）。

話はこれで終わりではない。割れ窓戦略は人種差別と同義語であることも判明した。データによると、軽犯罪で連行された人のうち白人はわずか一〇パーセントだった（注37）。一方で、何も悪いことをしていないのに、毎月のように警官に呼び止められ、ボディチェックされた黒人のティーンエイジャーもいた。それも数年にわたってである（注38）。割れ窓は警察とマイノリティとの関係を悪化させ、無数の貧しい人々に支払うことのできない罰金を科し、また、二〇一四年にタバコを密売した疑いで拘束され窒息死したエリック・ガーナーの事件のような、致命的な結果を招いた。「あんたらは、俺を見るたびに、ちょっかいを出したがる」とガーナーは抗議した。「もううんざりだ……お願いだから、放っておいてくれ。これで最後だ、頼むから放っておいてくれ」。

しかし、警官は彼を地面に倒し、絞め技をかけた。ガーナーの最期の言葉は「息ができない」だった。

マルコム・グラッドウェルの本を読んでから数年を経た今、わたしはようやく、割れ窓理論は人間の本性についての非現実的な見方に基づいていることを理解した。割れ窓理論は、ベニヤ説の一種でもある。その理論はニューヨークの警察に一般の人々を犯罪者予備軍であるかのように扱わせた。「ほんの小さなつまずきがさらに悪い道に進む最初の一歩になる。結局、文明化しているのは表層だけなのだから」とそれは説く。

かたや警官は、判断能力を持たない存在のように扱われている。彼らに内発的動機はない。上司が彼らに求めるのは、自分たちの部署が書類上できるだけ優秀に見えるようにすることだけだ。

これが意味するのは、割れ窓は修理しなくていいということだろうか？　もちろん、そうではない。窓を修理する、家を小ぎれいにし、近所の人々の懸案に耳を傾けるのは素晴らしい考えだ。秩序正しい刑務所が信頼感を醸し出すのと同様に、こぎれいな街区はより安全だと感じられる。(注39)加えて、窓を修理すれば、広く開け放つことができる。

しかし、割れ窓理論の実践において、登録され拘束され、取り締まりを受けたのは、普通の人々だった。

ウィルソンは、二〇一二年に亡くなるまで、ブラットン支持者のアプローチは大きな成功を収めたと信じ切っていた。しかし、共著者のケリングは、高まる疑念に苦しんでいた。割れ窓理論は誤用されることがあまりに多いとケリングは感じていた。彼自身が関心を寄せていたのは、割れた窓そのものであり、黒人や褐色の人をできるだけ多く逮捕したり投獄したりすることではなかった。

「割れ窓理論の名目で行われ、わたしが残念に思うことがたくさんある」と、ケリングは二〇一六年に認めた。全米の警察署長が割れ窓理論を実行に移しているという知らせが届き始めると、彼の頭には、次の言葉が浮かんだ。「Oh shit!（参ったな）」[注40]。


もし、割れ窓理論を別の方向に向けていたら、どうなっていただろう？　わたしたちが刑務所を設計し直せるのだとすれば、警察署も作り直せるのではないだろうか？

わたしはできると思う。ノルウェーなどの都市にはコミュニティ・ポリシング（地域の警察活動）という長年の伝統がある。それは、住民と一体になった警察活動で、「大半の人は、品行正しく、法を遵守する市民だ」という仮定に基づいている。警官はコミュニティの信頼を得ようと努力する。警官のことをよく知る人々は警官を手助けしてくれる、と考えているからだ。地域の人々は警官により多くの情報を提供し、親は子どもが悪の道へ走りそうな時はすぐ警官に知らせるだろう。

一九七〇年代に話を戻すと、エリノア・オストロム――コモンズ（共有）について研究した経済学者（第15章参照）――と同僚は、アメリカの警察署についてそれまでで最大規模の調査を行った。彼女らは、警察の小規模なチームは常に大部隊より優れていることを発見した。小規模チームはより速く現場に着き、より多くの犯罪を解決し、近隣とより深く結びつき、その全てをより低いコストで行う。つまり、より良く、より人道的で、より割安なのだ。(注41)

ヨーロッパでは、コミュニティ・ポリシングの哲学はかなり前から浸透している。警官は社会サービスと連携することに慣れていて、自分たちの仕事を一種の社会福祉事業と見なしてさえいる。(注42)また、彼らはよく訓練されている。アメリカでは、警官の訓練プログラムはわずか一九週だが、それはヨーロッパの大部分では考えられないことだ。ノルウェーやドイツなどでは、警官になるには二年以上の訓練が必要とされる。(注43)

しかし、アメリカのいくつかの都市はアプローチを変えつつある。ニュージャージー州ニューアークの人々は、二〇一四年に黒人の市長を選出した。彼は警察はどうあるべきかについて明確なビジョンを持っていた。警官に要求されるのは、「人々の祖母を知り、コミュニティの施設を知り、人々を人間と見なすことだ。……すべてはそこから始まる。取り締まりの対象者を人間と見なしていなければ、彼らを非人道的に扱い始めるだろう」と彼は語った。(注44)

左の頬を向けるという原則を、さらに押し進めることはできるだろうか？　とんでもない問いのように聞こえるかもしれないが、わたしはこう思わずにいられない。非相補的戦略はテロとの戦争でも機能するだろうか、と。

その答えを探すうちに、この戦略はすでに試みられていることをわたしは知った――しかも、わたしの母国において。実のところ、専門家の間では「オランダの取り組み」（Dutch Approach）と呼ばれることさえある。話は一九七〇年代にさかのぼる。当時のオランダは、左翼テロの相次ぐ攻撃に直面していた。しかし、政府はより厳しい国家保安法を制定しようとはせず、また、メディアも法執行機関の要求に応じて、報道を抑制した。西ドイツ、イタリア、アメリカは、ヘリコプター、通行規制のためのバリケード、軍隊といった「大きな武器」を用いたが、オランダはテロリストに活動の舞台になるものを与えようとしなかった。

オランダの警察は「テロリズム」という言葉さえ使おうとはせず、「暴力的政治運動」、あるいはごく普通に「犯罪者」と呼んだ。その一方で、オランダの諜報機関は舞台裏で忙しく働き、過激派グループに潜入した。彼らはテロリスト（失敬、「犯罪者」でした）に照準を合わせ、左翼全体を容疑者と見なしたりしなかった。(注45)

こうしたことは、少々滑稽な状況をもたらし、オランダのテロ組織レッド・ユース（Red Youth）の支部のメンバー四人のうち三人が覆面捜査官というようなことも起きた。常に誰かがトイレ休憩をとったり、地図を逆さまに見ていたりといった呑気な状況では、テロの遂行はかなり難しかった。「舞台裏で行われたタイムリーで注意深い対テロ作戦は、暴力のスパイラルを断ち切った」と、オランダの歴史家は結論づける。(注46)イエメンのテロリスト訓練キャンプを訪れたレッド・ユースのメンバーは、ドイツとパレスチナで戦ってきた同志たちの迫力に圧倒され、恐怖さえ覚えた。レッド・ユースのメンバーの一人は後にこう語っている。「彼らはあらゆる楽しみをお預けにしていた」(注47)

左の頰を向けるアプローチの、より近年の例は、デンマークの都市オーフスで起きた。二〇一三年の終わり頃、同市の警察は、シリアへ行って聖戦に参加しようとする若いイスラム教徒を、逮捕したり投獄したりせず、代わりにお茶を出すことにした。加えて、相談相手も提供した。さらには、自分を愛する人々がいることを若者たちに思い出させるために、家族や友人に協力を求めた。同時に警察は、地域のモスクとの関係を強化した。

オーフスの取り組みに対して、弱腰だ、考えが甘い、という批判は少なからずあった。しかし、それはむしろ大胆で困難な戦略だった。「厳しい新法を通過させるのは簡単だ」と警視は冷ややかに言う。「より難しいのは、個々人に合った具体的なプロセスを検討することだ。専門家会議、カウンセリング、ヘルスケア、教育の場や職場に復帰するための支援、場合によっては宿泊施設……わたしたちがこうしているのは、政治的信念からではない。こうすればうまくいくと思うからだ(注48)」

そして、それはうまくいった。他のヨーロッパの都市では聖戦に参加しようとする若者の出国が後を絶たなかったが、オーフスからシリアへ向かうイスラム過激派の数は減り、二〇一三年の三〇名から二〇一四年には一名、二〇一五年には二名になった。「わたしの知る限り、オーフスは正当な社会心理学の証拠と原理に基づいて(過激派に)取り組んだ最初の都市だ」と、メリーランド大学の心理学者は記している(注49)。

ノルウェーでも同様の取り組みがなされた。ノルウェーの人々は自国史上最悪の攻撃を受けた後も、冷静さを保とうとした。二〇一一年のことだ。右翼過激派アンネシュ・ブレイビクの襲撃によって七七人が犠牲になった。しかし同国首相はこう宣言した。「わたしたちは、より民主的に、よりオープンに、より人道的に対処しよう」(注50)

この種の反応は、問題から目をそらしている、あるいは、容易な道を選んでいると、非難されがちだ。しかし、より民主的に、よりオープンに、より人道的に対処することは、容易ではない。反対に、脅し文句、報復、国境封鎖、爆弾投下、世界を善悪に分けることは容易だ。そちらの方が、問題から目をそらしているのだ。

5　ノルウェーの刑務所に学ぶ

時には、目をそらすことができない瞬間も訪れる。真実が無視されることを拒むのだ。二〇一五年一〇月、ノースダコタ州の刑務官の代表団はまさにそのような瞬間を経験した。

それはノルウェーへの出張旅行でのことだった。ノースダコタは人口の少ない保守的な州で、投獄率はノルウェーの八倍にもなる。(注51)そして刑務所は？　昔ながらの囚人を閉じ込めるための施設で、延々と続く長い廊下、鉄格子、それに厳しい看守がいる。アメリカの刑務官たちはこの旅から多くを学べるとは思っていなかった。「わたしは傲慢だった」と後に一人は言った。「ＩＫＥＡ《イケア》刑務所とでも呼ぶしかないところへ行って、何を見るつもりなのか、と思っていた」(注52)

しかし、その後、彼らはその刑務所を見た。ハルデン、バストイ、その静謐《せいひつ》さ、信頼、受刑者と看守との交流を見た。

オスロで過ごしたある晩、ノースダコタの矯正局長、リアン・バーチュは、ラディソン・ホテルのバーに座っていた。同僚のあいだではタフな女性局長として知られる人物だ。そのバーチュが泣き出した。「どうしてわたしたちは、人間を鳥かごのような檻に入れてもいいと思っていたのでしょう?」(注53)

一九七二年から二〇〇七年まで、アメリカで投獄された人の数は、人口増加率を補正しても、五〇〇パーセント以上増加した。(注54) 刑期は平均で六三か月、ノルウェーの受刑者の七倍以上だ。現在、世界の囚人の約四人に一人はアメリカの獄中にいる。

この大量の受刑者は、意図された政策の結果だ。閉じ込める人の数が多ければ多いほど犯罪率は低下すると、ジェームズ・ウィルソンとその信奉者は信じていた。しかし現実には、アメリカの刑務所は犯罪者の訓練施設になっている。言うなればそこは、腕ききの詐欺師を養成するための金のかかる寄宿学校だ。(注55) 数年前、マイアミの巨大な刑務所で一つの監房に二四人もの受刑者が詰め込まれ、外に出られるのは二週間に一時間だけ、という実態が露見した。そこでは受刑者どうしの「野蛮な戦闘」が慣例になっていた。(注56)

このような施設から釈放された人間は、正真正銘、社会にとって危険な存在だ。「わたしたちの大多数は、おまえたちはこういう人間だと言われたとおりの人間になる」と、カリフォルニア州刑務所の元受刑者は言う。「暴力的で、分別がなく、良識ある行動ができない人間になるのだ。(注57)

ノルウェーから戻ったリアン・バーチュは、ノースダコタ州の刑務所を変えるべきだと悟

っていた。彼女とそのチームは新しい任務を定めた。「思いやりの実行」である。(注58)

その第一歩は？　割れ窓戦略はひとまず棚上げにしよう。それまで受刑者は三〇〇以上の規則に縛られていた。たとえば、シャツの裾をズボンに入れていないだけで、独房行きだ。バーチュらは、そのような無駄に細かい規則を廃止した。

次に、看守のための新しいルールが作られた。その一つは、少なくとも日に二回、受刑者と会話を交わす、というものだ。これは大きな変化であり、かなり強い抵抗があった。「死ぬほど怖かった」と、看守の一人は回想する。「スタッフのこともこの刑務所のことも心配だった。出所する男たちのことを話していると、怖くなった。だが、わたしは間違っていた」(注59)

数か月後、看守たちは以前より仕事を楽しめるようになっていた。彼らは聖歌隊と絵画のクラスを始めた。スタッフと受刑者は一緒にバスケットボールをするようになった。事件の数は目に見えて減った。ある看守によると、以前は「少なくとも週に三、四回」は事件が起きた。「誰かが自殺しようとしたり、監房を水浸しにしたり、ひどい騒ぎを起こしたりしていた。今年はそんなことはめったに起きない」(注60)

以来、アメリカの他の六つの州の刑務所の上級幹部がノルウェーへ赴き、その数は増え続けている。ノースダコタのバーチュ局長は、改革は当然のことだと主張し続けている。あらゆる人々を閉じ込めることは賢明でない。それに、ノルウェーのモデルの方が明らかに良く、費用がかからず、現実的である。

バーチュはこう断言する。「わたしは自由主義者ではありません。実際的なだけです」(注61)

第17章 憎しみ、不正、偏見を防ぐ最善策

1 双子の兄弟の物語

わたしはノルウェーの刑務所の背景にあるアイデアについて考えずにはいられなかった。もし犯罪者やテロリスト予備軍に左の頬を向けることができるのであれば、同じ戦略を、さらに大規模に展開できるのではないだろうか。敵同士を和解させ、ひいては人種差別や憎しみを根絶やしにすることさえ可能かもしれない。

わたしは以前、脚注か何かで読んで、そのままにしていた物語のことを思い出した。数十年間、対立していた兄と弟が、最後には内戦の勃発を防ぐ物語だ。皆さんも、いい話だと思うでしょう？　古い記録の山の中から、わたしはその兄弟の名前を発見した。そして彼らの全てを知りたくなった。

2　南アの民主主義誕生を支える

その兄弟の物語は、二〇世紀で最も高名な人物の一人と深い関係がある。一九九〇年二月一一日、その人物を見るために、何百万人もがテレビにくぎ付けになった。その日、二七年間、獄中にあったネルソン・マンデラが釈放されたのだ。ついに南アフリカ共和国の黒人と白人との間に、平和と和解への希望が生まれた。「銃、ナイフ、山刀を手に取りなさい」と釈放された直後にマンデラは叫んだ。「そして海に投げ捨てなさい！」(注1)

四年後の一九九四年四月二六日、南アフリカ初の全人種が参加する選挙が実施された。再びその映像は人々を虜にした。投票場へと続く有権者の長蛇の列、その総数は二三〇〇万人にのぼった。アパルトヘイトの始まりを覚えている高齢の黒人男女は、人生で初めて投票した。かつては死と破壊をもたらしたヘリコプターが、今は鉛筆と投票用紙を運んでいる。

人種差別主義体制は倒れ、民主主義が誕生した。二週間後の五月一〇日、マンデラは黒人として初めて同国の大統領に就任した。就任式のあいだ、戦闘機はレインボー・ネイションをあらわす色とりどりの航跡を描きながら空を横切った。緑、赤、青、黒、白、黄を組み合わせた新しい南アフリカの国旗は、世界一カラフルだ。

あまり知られていないのは、このすべてが夢に終わったかもしれないことだ。しかも高い確率で。

現在わたしたちが知る南アフリカは、一歩間違えば成立しなかった。マンデラの釈放から大統領就任までの四年間、同国は、内戦突入の瀬戸際にあった。そしてすっかり忘れられているのは、二人の兄弟――一卵性双生児――がそれを防ぐのに重要な役割を果たしたことだ。

コンスタンド・フィリユーンとアブラハム・フィリユーンは一九三三年一〇月二八日に生まれた。少年時代の二人はいつも一緒だった。(注2)同じ学校に通い、同じクラスで、同じ教師に習い、白人の優位性に関する同じプロパガンダを聞いた。

さらに重要なこととして、彼らの人格は同じ歴史によって形成された。コンスタンドとアブラハムはアフリカーナー（アフリカ南部に居住するオランダ系移民）だった。一六七一年にアフリカ南部に渡り、オランダ系移民と合流したフランスのユグノー（カルヴァン派の新教徒）の子孫だ。一八九九年、アフリカーナーの集団は南アフリカにおける英国の支配に逆らって、反乱を起こしたが、完敗を喫した（ボーア戦争）。

コンスタンドとアブラハムの父親は、幼い頃に、イギリスが建設したアフリカーナー強制収容所に収容された。伝染病が蔓延する収容所で、弟と二人の妹が母親の腕の中で息絶えるのを、彼はなすすべもなく見ていた。そういうわけで、コンスタンドとアブラハムの一家は虐げられた人々に属するが、時には虐げられる者が虐げる者になることもあり、双子を引き離したのはこの真実だった。

一九五一年、二人が一八歳の誕生日を迎えてまもない頃、母親は彼らに、プレトリア（後の首都）の大学に二人とも行かせるほどのお金はないことを告げた。「おまえが行けよ」と

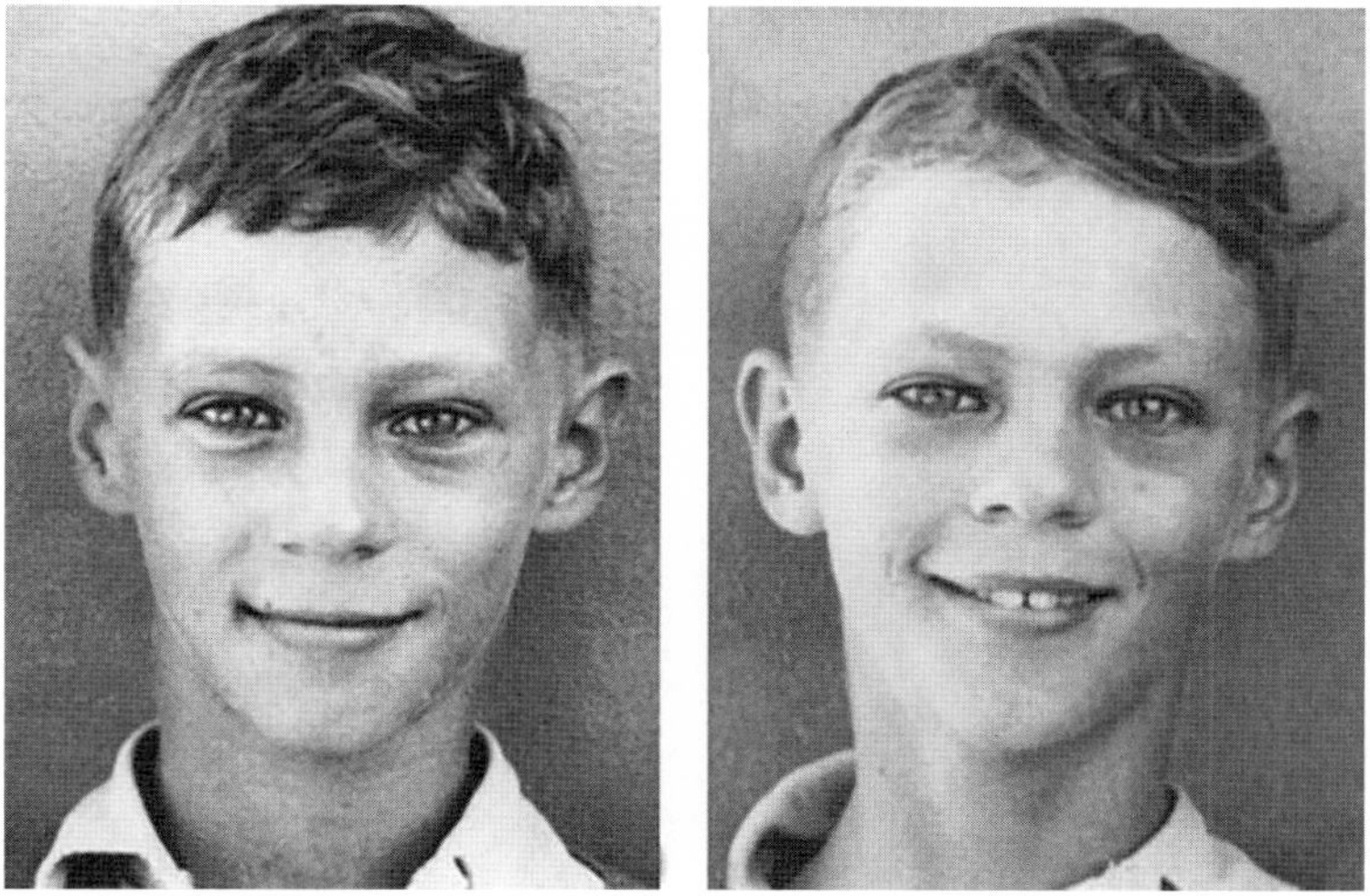

学生時代のコンスタンド（左）とアブラハム（右）。　出典：Andries Viljoen

コンスタンドはアブラハムに言った。アブラハムのほうが学校の成績が良かったからだ。

　アブラハムは大学で神学を専攻し、かたやコンスタンドは軍隊に入った。軍での生活は彼の性分に合い、軍の仲間は第二の家族のようになった。アブラハムが本を読みふけっている時に、コンスタンドはヘリコプターからの降下訓練に励んだ。アブラハムがオランダとアメリカに留学している時に、コンスタンドはザンビアとアンゴラで戦っていた。そしてアブラハムが世界中の学生と友人になっている時に、コンスタンドは軍の仲間と深い絆を築いた。

　年々、兄弟の距離は開いていった。後にアブラハムはこう回想する。「留学中に、公正な処遇という問題と、人間は平等だという信念を知った」[注3]。そして彼は、自分が当たり前だと思っていたアパルトヘイトが、一種の犯罪システムであり、聖書の教えをすべて否定するものであることを理解した。

数年間の海外留学を終えて帰国したアブラハムを、多くの南アフリカ人は、脱走者、異端者、裏切り者と見なした。後に彼は語る。「お前は外国人の影響を受けたのだ、渡航を許されるべきではなかった、と人々は言った」[注4]。しかし、アブラハムは思いとどまることなく、黒人に対する平等な処遇を求め続けた。八〇年代、彼はアパルトヘイトの終焉を求める政党の代表になり、選挙に立候補した。彼の目に映るアパルトヘイト政権は、まぎれもない殺人政権だった。

一方、コンスタンドは南アフリカで最も尊敬される軍人の一人になり、軍服には勲章が並んだ。ついには南アフリカ国防軍の最高司令官となり、陸、海、空軍を統括した。そして一九八五年まで、アパルトヘイトの熱心な擁護者であり続けた。

やがて、この兄弟は互いと口をきかなくなった。フィリユーン将軍――愛国者で、戦争の英雄で、アフリカーナーの憧れの的――に双子の兄弟がいることさえ、ほとんど誰も覚えていなかった。

しかしやがてこの双子の絆が、南アフリカの未来を決めることになる。

3 偏見を防ぐにはどうすべきか

仇敵と和解するにはどうすればよいだろうか。

一九五六年の春、この疑問を胸に、アメリカの一人の心理学者が南アフリカへ向かった。当時アパルトヘイトはすでに法制として確立していた。異人種間の結婚は禁じられており、その年の後半には、白人により良い仕事を回す法律が成立した。

その心理学者の名前はゴードン・オールポート。彼は生涯を通じて、次の二つの基本的な疑問を追求した。(1)偏見はどこから生まれるのか？ (2)偏見を防ぐにはどうすればよいか？ 数年におよぶ探究の後、彼は奇跡的な治療法を発見した。少なくとも、彼はそう思った。

それは何だろう？

交流である。それ以上でも、それ以下でもない。オールポートは、偏見、憎しみ、人種差別は、交流の欠如から生まれる、と考えた。わたしたちが見知らぬ人をぞんざいに扱うのは、その人のことをよく知らないからだ。したがって、治療法は明らかだ。より多く交流することだ。

しかし、ほとんどの科学者は、オールポートの理論を、短絡的で単純すぎる、と批判した。当時は、第二次世界大戦の記憶がまだ鮮明で、交流が増えれば摩擦が増えるというのが世間一般の見方だった。そして南アフリカの心理学者たちは相変わらず、人種間の生物学的差異の「科学」を探求していた。人種隔離政策《アパルトヘイト》を正当化するためだ。(注5)

南アフリカの多くの白人にとって、オールポートの理論は衝撃的だった。アパルトヘイトは解決策ではなく問題の原因だと論じる科学者が現れたのだ。オールポートの主張によると、黒人と白人は、出会うことさえできれば――学校、職場、教会、その他、どこでも――互いをよく知るようになる。結局のところ、わたしたちが愛せるのは、自分が知っている人だけなのだ。(注6)

これがいわゆる「接触仮説」だ。あまりに単純すぎて信じがたいが、オールポートはその仮説を裏づける証拠をいくつか持っていた。たとえば、一九四三年にデトロイトで起きた人種暴動のことを彼は指摘する。社会学者たちはその暴動の奇妙な特徴に気づいた。「隣人同士が互いに暴力をふるうことはなかった。ウェイン州立大学の学生――白人と黒人――は『血の月曜日』のあいだも平和に授業を受けていた。また軍需工場で働く白人と黒人との間にも騒動は起きなかった」(注7)

それどころか、隣人たちは互いをかくまった。暴徒が迫ってきた時、白人のファミリーは近隣に住む黒人をかくまった。その逆も起きた。

さらに注目すべきは、第二次世界大戦中にアメリカ軍が収集したデータだ。公には、黒人兵と白人兵が並んで戦うことはないとされていたが、戦闘の最中には時々そういうことが起きた。陸軍の調査により、黒人と白人がいる小隊では、黒人を嫌う白人の数がはるかに少ないことが判明した。正確には、九分の一だ。(注8)

オールポートが記録した交流のプラスの影響は延々と続く。それは兵士、警察官、隣人、学生に当てはまった。たとえば、黒人の子どもと白人の子どもが同じ学校に通うと、彼らは互いへの偏見を持たなくなった。これは、アブラハム・フィリユーンの留学中の経験が例外でないことを意味した。それは当たり前のことだったのだ。

人種差別を解消する最善策は？　共に航海すること

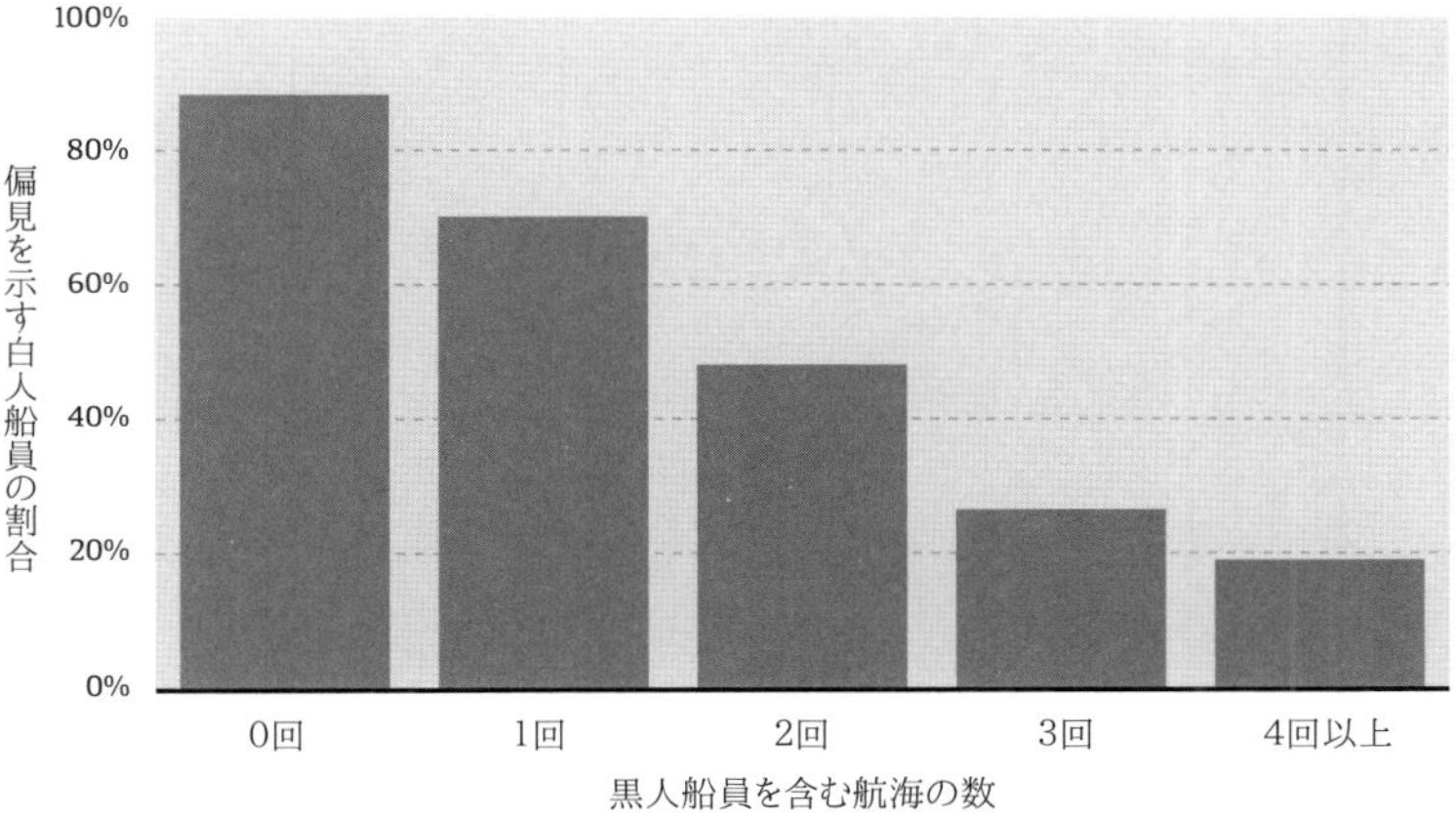

　オールポートの接触仮説の最も強力な証拠は、おそらく海に由来するものだ。一九三八年、アフリカ系アメリカ人が船員組合への加入を認められた時、当初は激しい抵抗が起きた。しかし、黒人船員と白人船員が一緒に働くようになると、その抗議は止んだ[注9]。

　もっとも、オールポートは慎重な人で、自分の主張には隙があることを承知していた。黒人船員を含む航海に自ら望んで参加した白人船員は、もともと人種差別的でなかったのかもしれない。

　接触仮説に関する大著を発表した二年後の一九五六年、南アフリカを回ったオールポートの心の中では、自説に対する疑念が再び湧きあがった[注10]。この国では黒人と白人が何世紀にもわたって隣りあって暮らしてきたが、人種差別は減るどころか、むしろ増えていた。オールポートが出会った多くの白人アフリカーナーはごく健全に見えたが、黒人に対する排斥と差別を続けていた。オールポートの仮説は間違っていたのだろうか。

六〇年代にオールポートはその時のことを振り返り、自分が「歴史の力」を軽視していたことを認めた。(注11)

4 武器を置く――「勝者はいない」

一九九三年五月七日、ヨハネスブルグの約七五マイル南にある都市、ポチェフストルームのラグビースタジアムに、一万五〇〇〇人の白人アフリカーナーが集結した。彼らの上には無数の黒と赤の旗がはためいている。そのデザインは、ナチスの鉤《かぎ》十字にきわめてよく似ている。長いあごひげを生やし、茶色いシャツを着た農民たちは、ショットガンとピストルで完全武装していた。(注12)

この集会の演説者の一人は、「アフリカーナー抵抗運動」［訳註：極右の白人至上主義団体］の指導者、ユージン・テレブランシュだ。テレブランシュはアドルフ・ヒトラーの雄弁さに長年憧れており、彼の取り巻きはクー・クラックス・クランに似ているが、さらに凶暴だった。

その日、スタジアムは怒りと恐れに包まれていた。マンデラが初の全人種選挙に勝利したらどうなるのか、という恐れ。自国の国旗と国歌を失うことへの恐れ。文化全体が消滅することへの恐れ。これら一万五〇〇〇人の怒れる人々は、一〇〇年前に英国と戦って敗れたアフリカーナーにちなんで、「ビターレインダー（Bittereinder）」とも呼ばれる。彼らは自らを自由の闘士と見なし、勝つためなら手段を選ばない覚悟だった。

ただ一つ、彼らに欠けているものがあった。いや、むしろただ一人、と言うべきだろう。今、彼らが必要としていたのは、リーダーだった。人々に尊敬されるリーダー。実績のあるリーダー。マンデラが黒人たちを支援するように、アフリカーナーを支援し、この最後の重大な自由への闘いにおいて、自分たちを導いてくれるリーダー。

つまり、コンスタンド・フィリューンのような人物だ。

その日、コンスタンドはそのスタジアムにいた。彼は何年も前に引退し、農場主として静かな生活を送っていた。しかし、群衆が自分の名前を連呼しはじめると、ためらわなかった。元将軍はステージに上がった。

「アフリカーナーは自らを守る準備をしなければならない」とコンスタンドはマイクに向かって叫んだ。「犠牲を伴う流血の闘いは避けられないが、喜んで犠牲となろう。なぜなら我々には大義があるからだ！」

群衆は熱狂した。

「リーダーになってくれ、わたしたちはついていく！」とアフリカーナーは叫んだ。（注13）

こうして、コンスタンドは「アフリカーナー民族統一戦線」（AVF:Afrikaner Volksfront）のリーダーになった。ＡＶＦは単なる政党や連合ではない。それは軍隊なのだ。コンスタンドは戦争の準備を整えた。いかなる犠牲を払っても多民族選挙を阻止することを決意していた。「大規模な軍事力が必要だった」と後にコンスタンドは回想する。(注14) わずか二か月のうちに、AVFは一〇万人の経験豊富な軍人を含む一五万人のアフリカーナーを兵士として採用した。「コンスタンド・フィリューン」の名前を出すだけで、ほとんどの人はAVFに賛同した。

同時に、攻撃計画が必要とされ、一連の愚かな提案が出された。マンデラが率いる政党、ANC（アフリカ民族会議）の指導者を待ち伏せして襲うべきだ、と一人が提案する。いや、西トランスヴァールで一万五〇〇〇人の黒人を私刑にして集団墓地へ投げ捨てよう、と別の一人が言う。日が経つにつれて、AVFは狂気的な雰囲気に包まれていった。

七五マイル隔たったヨハネスブルグで、コンスタンドの兄弟であるアブラハムは、悪い予感を覚えていた。「わたしは時々、悲劇の古典的要素がこの国には揃っていると思う」と、彼はマンデラとANCに宛てた覚書に記している。(注15) しかしアブラハムは、自分が動くべきだと了解してもいた。自分は南アフリカでただ一人、コンスタンドの心を変えることのできる人間だと、わかっていたのだ。四〇年間、コンスタンドとはほとんど口をきいていないが、今はそうしなければならない。

「アブラハムがコンスタンドを説得できたら」と、ある歴史家は後に記している。「アパルトヘイトから民主主義への平和的移行が実現する。説得できなければ、戦争は避けられなかった」(注16)

一九九三年の七月上旬、アブラハムはプレトリアの商業地区にあるAVFのオフィスを訪れた。選挙まであと一〇か月という時期だった。

コンスタンドに迎えられ、二人で席に着くなり、アブラハムは本題に入った。

「どんな選択肢があるだろう」

「この状況では」とコンスタンドが答える。「選択肢はただ一つ、戦うしかない(注17)」

アブラハムは、マンデラと極秘裏に立てた計画に沿って、ある提案を持ちかけた。「アフリカーナーの立場について、マンデラと直接話し合ってみてはどうか」と。コンスタンドはすでに同様の提案を九回断っていた。しかし今回は違った。

なぜならその提案をしたのは自分の兄弟だからだ。

それから間もない八月一二日、この兄弟は、ヨハネスブルグにある一軒の邸宅の玄関前に立っていた。使用人に出迎えられるものと思っていたが、満面の笑みを浮かべて扉を開いたのは、マンデラその人だった。

歴史的瞬間だった。南アフリカの新しい英雄と古い英雄が、目と目を見合わせて立っているのだ。平和主義者と戦争に向かおうとする男が対峙した。「マンデラは『お茶をいかがですか』と尋ねた」とコンスタンドは数年後に回想した。「わたしが、はい、と言うと、彼はわたしの前のカップに紅茶を注いだ。それから彼は、ミルクを入れますか、と尋ねた。わたしが、はい、と答えると、ミルクを注いだ。それから、砂糖を入れますか、と尋ねた。わたしが、はい、と答えると、砂糖を入れた。わたしはただかき混ぜるだけだった(注18)」

対話を進めるうちに、マンデラがアフリカーナーの歴史と文化を理解しようと努めてきたことが明らかになった。マンデラは、アパルトヘイトに対抗する自らの闘争を、一〇〇年前に英国から自由を得ようと戦ったコンスタンドの祖先の闘争になぞらえた。コンスタンドは感銘を受けた。歴史家が後に記しているが、最も注目すべきは、マンデラがコンスタンドの母国語で話したことだ。「将軍」とマンデラはアフリカーンス語で語りかけた。「わたしたちが戦っても、勝者はいません」

コンスタンドはうなずいた。「勝者はいない」(注19)

この日を皮切りに、コンスタンドとマンデラは、四か月にわたって秘密裏に会談を重ねた。当時の大統領、フレデリック・ウィレム・デクラークでさえ蚊帳の外に置かれていたため、現在、この日の会談に言及する歴史書はほとんどない。だが、それは南アフリカの歴史においてきわめて重大な瞬間だった。最終的に、コンスタンドは武器を置いて自らの政党とともに選挙に参加することに同意した。

コンスタンドはマンデラと会って握手をするたびに、かつて自分がテロリストと見なしていた男への敬意を深めていった。それはマンデラも同じだった。生え抜きの政治家であるデクラークとは違って、マンデラはコンスタンドへの敬意を深め、この元将軍を信頼するようになった。

「マンデラはコンスタンドの腕をとり」とアブラハムは後に述べている。「その手を離そうとしなかった」(注20)

5　マンデラ・アプローチの成功

その頃には、接触仮説を考案したゴードン・オールポートは世を去って久しかった。しかし、一九五六年にオールポートとともに南アフリカを訪れた学生、トーマス・ペティグルーはまだ、いたって元気だった。

遠慮深いオールポートと違って、ペティグルーは反逆者で活動家だった。彼はアメリカの公民権運動で目立った働きをしたため、ＦＢＩには彼に関する分厚いファイルがあった。オールポートと共に南アフリカに滞在していた時には、ＡＮＣの違法な会合に何度も参加し、南ア政府の諜報機関に目をつけられた。半年後、帰国のために税関でパスポートを出すと、大きな文字で「南アフリカ入国禁止」と書かれたスタンプが押された。(注21)

そういうわけで彼は、いつかマンデラの国へ戻ることになるとは、思ってもいなかった。しかし半世紀後の二〇〇六年、南アフリカで開かれた国際心理学会議に、主賓として招かれた。

ペティグルーはその旅についてこう語っている。「いたるところで進歩が見られたが、まだ改善の余地は大いにあった」。(注22)ダーバンの美しい海岸はすべての人種に開放されていた。かつて悪名高い刑務所があった場所には、憲法裁判所が建てられ、南アフリカの一一の公用語で書かれた標識が訪問者を迎えた。

専門とする分野の第一人者にして、その会議の主賓でもあるペティグルーは、元指導教官の理論を強く支持する大規模な研究について発表した。それは、ペティグルーと彼のチームが三八か国で行われた五一五の研究を分析したものだ。(注23)その結果は？　交流には効果が**ある**。それを裏づける証拠も多く発見された。

交流はより多くの信頼、連帯、思いやりを生み出す。交流は、あなたが他者の目を通して世界を見ることを助ける。さらに、交流はあなたの人間性を変える。なぜなら、多様な友人を持つと、知らない人に対して、より寛容になれるからだ。また、交流は人から人へ伝染する。隣人が他の人と仲良くしているのを見れば、自分の偏見について考え直すからだ。

しかし、これらの研究からは、交流におけるたった一度のマイナスの経験（衝突や、怒りの表情）が、ジョークや手助けより強い印象を残すことも明らかになった。わたしたちの脳はそのようにできているのだ。当初、このことはペティグルーと同僚を悩ませた。嫌な経験の方が、記憶に深く刻まれるのだとしたら、なぜ交流によって他者により近づくことができるのだろう。やがてわかった答えは単純だった。交流を通じて不快な経験をすることもあるが、良い経験の方が、圧倒的に多いからなのだ。(注24)

悪は強い印象を残すが、善は、数の上でははるかに悪を上回る。

交流の力を誰よりも深く理解しているのは、ネルソン・マンデラだ。かつての彼は、別の道を歩んでいた——暴力という道だ。一九六〇年、マンデラはＡＮＣの武装組織の創設に関わった。

しかし、獄中で過ごす二七年間は、一人の人間を完全に変えることができる。年月がたつにつれて、マンデラは、後に科学者が明らかにすることを理解しはじめた。それは、非暴力の抵抗は暴力よりはるかに効果があることだ。アメリカの社会学者、エリカ・チェノウェスの最新の研究を見てみよう。当初、チェノウェスは「マンデラ方式」を、考えが甘すぎると見ていた。現実の世界では力は銃身によって行使されると彼女は考えており、それを証明するために、一九〇〇年以来の抵抗運動について巨大なデータベースを作成した。

「数字を見て、わたしは衝撃を受けた」と二〇一四年に彼女は記している。(注25)暴力に頼る抵抗運動の成功率が二六パーセントだったのに対して、非暴力の運動は五〇パーセント以上が成功していたのだ。チェノウェスによると、その主な理由は、非暴力運動にはより多くの人が参加することにあった。その人数は平均すると、暴力的な運動の一一倍以上だった。(注26)さらに、非暴力の運動には、テストステロンが過剰な男性だけでなく、女性や子ども、高齢者や障害者も参加する。政権には、そのような群衆に対抗する備えはない。善が悪を圧倒するのは、つまりそういうわけだ。数で上回るのである。

非暴力運動では、大切な要素が一つある。それは自制心だ。獄中にあった時、マンデラは冷静さを保つ達人になった。敵を徹底的に理解することを決意し、アフリカーナーの文化と歴史に関する本を数多く読んだ。アフリカーナーが愛好するラグビーを観戦した。彼らの言語を学んだ。「相手にわかる言葉で話しかければ、相手の頭に届く。相手の言葉で話しかければ、相手の心に届く」とマンデラは説く。(注27)

マンデラは仲間の囚人に、看守も同じ人間であり、社会システムに毒されているだけだということをわからせようとした。数年後、マンデラはコンスタンド・フィリューンのことも、同じように見た。自分が信じる体制のために生涯をかけて戦う、正直で忠実で勇敢な男として。

釈放されたマンデラは、南アフリカの黒人の九〇パーセントを、その大義のもとに再結集させた。続いて彼は、白人アフリカーナーの心をつかむことに力を注いだ。それは成功をおさめ、一九九五年六月二四日にマンデラが白人のラグビー代表チームのシャツを着てヨハネスブルグのスタジアムに入場した時、かつて彼をテロリストと見なしていた数千人もの男女から「ネルソン、ネルソン！」という歓声が寄せられた。

マンデラのアプローチが成功したのは、彼に世間の注目を集める才能があったからだと考えたくなるが、そうではない。彼は、マーティン・ルーサー・キングのように熱弁をふるうことも、ウィンストン・チャーチルのように激しく討論することもなかった。実のところ、最初の記者会見では、目の前に置かれた毛皮のような物体の束にうろたえ、誰かが耳元でそっと教えてくれるまで、それがマイクだということに気づかなかった。(注28)

マンデラの特別な力は、別のところにある。彼を世界史上最も偉大な指導者の一人にしたのは、ジャーナリストのジョン・カーリンによれば、「百人のうち九九人が、救いようがないと見なす人間にも、善性を見いだそうとする」ことだ。(注29)

マンデラの親友の一人であるウォルター・シスルは、マンデラの欠点を挙げるとすれば何かと尋ねられて、こう答えた。「人を信じると、すっかり心を許してしまうことだ」

しかし彼は、ためらい気味に言い添えた。

「でも、多分、それは欠点じゃない」(注30)

6 アイデンティティを持ち、交流する

この数十年間に世界で起きた、希望を感じさせる変化について振り返ると、信頼と交流が

つねに有益であることがわかる。一九六〇年代に始まったゲイとレズビアンの解放はその好例だ。同性愛者であることを、勇気をもって公表する人が増えるにつれて、友人、仕事仲間、両親は、性的嗜好には個人差があることを学び、それはそれでいいと思うようになった。

しかし、その逆も起きた。二〇一六年にドナルド・トランプが大統領に選ばれた後、わたしたちが殻の中に閉じこもりがちだということが明らかになった。二人の社会学者は、「白人が人種的にも民族的にも孤立していることは、トランプ支持者の増加を強力に予言する」と示唆した。(注31) さらに、アメリカとメキシコを隔てる国境までの距離が遠くなるほど、両国間に巨大な壁を建設しようとする男への支持率が高くなることも示した。(注32) つまり問題は、トランプ支持者とイスラム教徒や難民との交流があまりにも少ないことにあるのだ。

同じパターンは、二〇一六年に英国で行われたEU離脱の是非を問う国民投票でも起きた。文化的多様性が少ないコミュニティほど、より多くの人が離脱に賛成票を投じた。(注33) また、わたしの母国オランダで、ポピュリズム政党の支持者が最も多いのは、白人の居住者が最も集中している地域だ。オランダの社会学者チームは、(主に職場で)白人がイスラム教徒と交流する機会が多いと、イスラム嫌悪が減ることを発見した。(注34)

それだけでなく、多様な環境はわたしたちをより親切にする。二〇一八年、シンガポール大学の国際的なチームは、五つの新しい研究に基づいて、多様なコミュニティで暮らす人々は、人間は皆同じだと考える傾向にあることを明らかにした。その結果として、彼らは見知らぬ人に対してより親切な行動をとることが多かった。実のところ、二〇一三年のボストンマラソン爆破テロの後には、多様な隣人を持つ人々ほど、人助けに熱心だった。(注35)

だが、喜ぶのはまだ早い。多様な隣人が混在する地区に住んでいるというだけでは不十分だ。あなたが隣人とめったに話さない場合、多様性は逆に偏見を強める可能性がある。(注36)移民が急増したコミュニティでは、イギリスではＥＵ離脱賛成派、アメリカではトランプ支持者の割合が高いことが示唆されている。(注37)

こうした結果から、交流の研究者たちは、人がお互いに慣れるには時間が必要だということを強調する。交流は有効だが、すぐ効くわけではない。たとえば、オランダでは二〇一五年に、シリア難民の一時収容施設の開設に反対する運動が起きた。反対者たちは怒りにまかせて叫んだり罵ったりし、窓に石を投げつけることさえした。しかし数年後、施設が移転することになった時、彼らの怒りは惜別に変わっていた。「ここでは何の問題も起きなかった。良いことばかりだった」と、ほんの数年前に暴力的なふるまいをした男性は述べた。「ここはコミュニティセンターのような交流の場になっていたんだ。ここへ来て一杯のコーヒーを飲むのが楽しみだった」(注38)

見知らぬ人との交流は、学ぶべきことであり、子どもの頃から始めるのが望ましい。全ての若者が、アブラハム・フィリユーンが大学時代にしたような旅を経験できれば最高だ。マーク・トウェインは一八六七年にはすでにそれを理解し、こう述べている。「旅行は偏見と頑迷さと狭量さを打ち砕く」(注39)

しかしこの言葉は、自分を変えなければならないという意味ではない。その逆だ。交流についての研究から明らかになった、最も注目すべきことの一つは、自らのアイデンティティを保持できて初めて、偏見を排除できるということだ。(注40)誰もが違っていても何の問題もないことを、わたしたちは理解しなければならない。しっかりした基盤があれば、自らのアイデンティティのための頑丈な家を建てることができる。

そうすれば、そのドアを開け放つことができる。

一九五六年に南アフリカを訪れたゴードン・オールポートは、自分の認識は甘かったという結論を下した。中には、歴史があまりにも大きな負担となり、引き返すことのできない社会もあるのだ、と彼は悟った。一九六七年に世を去る時、やがて自分の初期の予見が正しかったと証明される日が来るとは、思ってもいなかった。

オールポートは、ヨハネスブルグでの講義で、こう語った。――人間は同族を優先させる動物だ。わたしたちは偏見を持ちやすい。型にはまった考えをする傾向は、わたしたちの性質に深く根ざしているようだ――。

しかし、オールポートは俯瞰することの大切さも強調した。「あきらめることは、歴史の長い教訓を読み誤ることだ」と彼は言っている。[注41] 南アフリカは今後数十年にわたって、アパルトヘイトの遺産を背負い続けるだろうが、だからと言って、過去五〇年間のこの国の画期的な進歩が否定されるわけではない。

コンスタンド・フィリユーンは二〇二〇年四月にこの世を去った。その人生の最後の年月、彼とアブラハムは依然として二つの異なる世界に暮らした。一人は戦士で、もう一人は大臣。一人は退役軍人で、もう一人は平和主義者だ。しかし、互いと会わない長い年月は終わった。彼らは交流を取り戻した。

第18章 兵士が塹壕から出るとき

1 一九一四年、クリスマス

一九一四年の夏、第一次世界大戦の前夜、この戦争はすぐ終わると、ほとんどの人は考えていた。クリスマスまでには帰ってくるよと、兵士たちは恋人に言った。人々はパリ、ロンドン、ベルリンの街路に集い、勝利を確信して、歓声を上げた。数百万の新兵が歌いながら行進し、前線へと向かった。

それがすべての始まりだった。二〇世紀の災厄の種が播かれたのだ。(注1) もし第一次世界大戦が起きなければ、第二次世界大戦は起きなかっただろう。イープルとヴェルダンの戦いがなければ、ベルサイユ条約は締結されず、ロシア革命は起きず、レーニン、スターリン、ヒトラーは出現しなかっただろう。

一九一四年のクリスマスまでに一〇〇万人を超す兵士が死んだ。前線は、ベルギーの海岸からフランス・スイスの国境までおよそ八〇〇キロメートルにわたって延び、終戦までの四年間、ほとんど動かなかった。連日、ほんの数エーカーの土地と引き換えに、若者たちが殺されていった。馬にまたがり、太鼓やトランペットを鳴り響かせての英雄的な戦いになるはずだったものが、無意味な虐殺になり果てた。

しかし、ヨーロッパ全体が絶望の闇に包まれていた時代に、ほんのひとすじの、しかし強く輝く光が差し込んだ。一九一四年一二月、天国がしばし門を開き、無数の人々に違う世界を垣間見せたのだ。わずかな間、彼らは、敵も味方もその世界に共にいることに気づいた。兄弟として。人間として。

塹壕を舞台とするこの物語で本書を締めくくりたい。なぜなら、わたしたちは幾度となく塹壕に逃げ込むからだ。そしてあまりにも容易に、一〇〇メートル先にいる相手が自分と同じ人間だということを忘れる。そして幾度となく、安全な場所に身をひそめたまま、互いに向かって発砲する。今、その武器になっているのは、ソーシャルメディアやオンライン・フォーラムだ。わたしたちは恐怖、無知、疑念、固定観念に導かれるまま、まだ会ったことのない人々に偏見を抱く。

しかし、別の道はある。憎しみを友情に変え、仇敵と握手することは可能だ。わたしがそう断言するのは、考えが甘いからではなく、実際にそうしたことが起きているからだ。

2　英兵と独兵が聖歌を贈り合う

一九一四年のクリスマスイブ。晴れた寒い夜だった。ラ・シャペル＝ダルモンティエールの郊外、一面の雪景色の中、両軍の塹壕を隔てるノーマンズ・ランド（無人地帯）を月が照らしている。英国の最高司令部は、神経を高ぶらせながら、前線にメッセージを送った。「敵はクリスマスか新年の攻撃を計画していると思われる。この期間、特別な警戒を続行する」(注2)

この司令官は、これから何が起きるかを知らない。

その夜の七時か八時ごろ、クイーンズ第二連隊のアルバート・モレンは、信じられないといった表情で目をしばたたかせた。向こうにある、あれは何だ？　次々に明かりが灯る。ランタン、たいまつ、それから……クリスマスツリー？　その時、彼には聞こえた。「Stille Nacht, heilige Nacht」と歌う声、ドイツ語の『きよしこの夜』だ。聖歌がこれほど美しく聞こえたことはなかった。「決して忘れないだろう」とモレンは後に言う。「あの経験は、わたしの人生のハイライトの一つだ」(注3)

お返しに、イギリス兵は『牧人ひつじを』を歌いはじめる。ドイツ兵は拍手喝采し、『もみの木』で返礼した。しばらくのあいだ聖歌の応酬があり、最後に両陣営はラテン語で『神の御子は』を合唱した。「ありえないことだった」とライフル銃兵だったグラハム・ウィリアムスは回想する。「戦争のさなかに、敵同士が声を揃えて聖歌を歌ったのだから」(注4)

ベルギーの町プロウグステエールのすぐ北に配備されていたスコットランド連隊は、さらに進んだ行動をとった。敵の塹壕から、誰かが「タバコをあげようか」と大声で尋ねるのを、ジョン・ファーガソン伍長は聞いた。「明かりの方へ進んでくれ」とそのドイツ人は叫んだ。そこでファーガソンは無人地帯に出ていった。

「（わたしたちは）何年も前からの知り合いのように語り合った」と、彼は後に記している。「何という光景だろう――前線の端から端まで、ドイツ人とイギリス人が歓談しているのだ。暗闇から笑い声がして、火の灯ったマッチが見えた。……わたしたちは、ほんの数時間前に殺そうとしていた人々と語り合い、笑っていた（注5）」

翌朝、クリスマス当日、この勇敢な兵士たちは再び塹壕から出た。有刺鉄線を越えて、敵と握手しに行った。それから、背後にとどまっている兵士たちに手招きした。「皆、歓声を上げた」と、クイーンズ・ウェストミンスター・ライフル隊のレスリー・ウォーキントンは回想する。「わたしたちはサッカーの観客のように群れ集まった（注6）」

プレゼントが交換された。イギリス兵はチョコレート、お茶、プディングを、ドイツ兵は葉巻、ザワークラウト、シュナップスを差し出した。盛大で幸せな再会の集いであるかのように、ジョークを飛ばし、集合写真を撮った。ゴールポスト代わりにヘルメットを使って、サッカーの試合もした（注7）。一回は三対二でドイツが勝ち、もう一回は、四対一でイギリスが勝った。

フランス北部、フルベ村の南西では、敵同士による合同の埋葬式が行われた。「ドイツ兵が片側に、イギリス兵がもう片側に整列し、将校は前に立ち、誰もが帽子を脱いでいた」と、後にアーサー・ペラムバーン中尉は記した。(注8) 同志が埋葬される時——敵の銃弾により殺された同志である——『主はわが牧者』をそれぞれの母国語で合唱した。

その夜、クリスマスのごちそうが前線を行き交った。あるイギリス兵はドイツの防御線の後ろにあるワインセラーまで案内され、そこでバイエルンの兵士とともに、一九〇九年のヴーヴ・クリコのボトルを開けた。彼らは住所を教えあい、戦争が終わったらロンドンかミュンヘンで会おうと約束した。

もし証拠がなかったら、こんなことが起きたとは容易に信じられないだろう。兵士たちから数多くの証言が得られているが、彼ら自身、信じがたいと思っていたようだ。

「考えてみてください」と、オズワルド・ティリーは両親に宛てた手紙に書いている。「お父さんとお母さんがターキーなど食べているあいだ、ぼくは数時間前に殺そうとしていた男たちと語り合い、握手をしていたのです！　驚くべきことでした！」(注9) ドイツのクルト・ゼミッシュ中尉も、夢ではないかと頬をつねった。「なんと素晴らしく、不思議なことだろう」と彼は驚嘆する。「サッカーとクリスマスのおかげで、……恐ろしい敵があっという間に友人になったのだ」(注10)

ほとんどのイギリス兵は、ドイツ兵のフレンドリーさに驚いた。母国にいた時には、「デイリー・メール」などの新聞で目にするプロパガンダやフェイクニュースによって惑わされていた。当時、イギリスで発行される新聞の四〇パーセント以上が、ある人物の支配下にあった。初代ノースクリフ子爵、アルフレッド・ハームズワースである。今で言えばルパート・マードックに匹敵するメディア王だ。ハームズワースは世論に対して途方もない影響力をふるった。その新聞では、ドイツ人は幼児を銃剣で突き刺したり、司祭を教会の鐘からつるしたりする凶暴なフン族として描かれた（注11）。

一方、ドイツでは、戦争が始まる直前、詩人エルンスト・リサウアーが『イングランドに対する憎悪の歌』をつくり、その歌は国歌と人気を争った。何百万人ものドイツの子どもたちは、それを暗唱しなければならなかった。ドイツの新聞は、フランスとイギリスは神を信じず、クリスマスを祝うことさえしない、と主張した。

塹壕の中でクリスマスを祝うドイツ兵。
『デイリー・スケッチ』、1915年1月。　提供：Getty

ここにもまた、明らかなパターンが見られる。前線からの距離が遠くなればなるほど、憎しみは増大した。母国の行政機関、ニュース室、居間、パブでは、敵に対する憎しみはきわめて強かった。しかし塹壕では、兵士たちは相互に理解を深めた。あるイギリス兵は故郷への手紙にこう記している。「彼らと話をした後、多くの新聞記事は恐ろしく誇張されているに違いないと思いました」(注12)

長い間、一九一四年のクリスマスの休戦は作り話と見なされてきた。感傷的なおとぎ話、悪くすると、反逆者によるでっち上げ、という扱いだった。クリスマスが終わると、再び戦争が始まった。そして数百万人を超える兵士が殺されたので、あのクリスマスに起きたことは、ますます信じがたかった。

一九八一年のBBCドキュメンタリー『Peace in No Man's Land』(無人地帯での平和)によって初めて、この物語がたわいもない噂ではなかったことが明らかになった。そのクリスマスの日、イギリス戦線の三分の二は、闘うことをやめた。その大半の事例で、ドイツ兵の方からイギリス兵に友好関係を申し入れていた(休戦はベルギーとフランスの戦線でも起きた)。合計で一〇万の兵士が武器を置いたとされる。(注13)

実のところ、一九一四年のクリスマスの友好は、例外的な事例ではなかった。同じことは、スペイン内戦とボーア戦争でも起きた。アメリカの南北戦争、クリミア戦争、ナポレオン戦争でも起きた。しかし、このフランダース地方におけるクリスマス休戦ほど、広範かつ唐突に起きたことはなかった。

兵士たちの手紙を読むと、わたしの心に一つの疑問が浮かんできた。すでに一〇〇万もの人命を奪った恐ろしい戦争にはまり込んでいた彼らが、塹壕から出ることができたのに、なぜ、わたしたちは同じことができないのだろうか。

わたしたちもまた、他者への憎悪をあおる活動家や政治家によって、互いと戦うよう仕向けられている。「デイリー・メール」のような新聞は、かつては血に飢えたフン族の物語を広め、今は外国人による窃盗、移民による殺人、難民によるレイプを書き立て、外国人・移民・難民は仕事を盗むが、怠惰すぎて仕事はしない、と報告し、彼らの古来の伝統や価値観を完全に無視しようとする。

こうして、憎しみはふたたび社会に注ぎ込まれる。現代の犯人は新聞だけではない。ブログやツイート、ソーシャルメディアにばらまかれる嘘、オンラインの荒らし《トロール》も同罪だ。最高のファクトチェッカー（真偽検証機能）もこの種の悪意に対しては、無力らしい。

しかし、それが逆に働くことについてはどうだろう？　プロパガンダは意見の対立を招くだけでなく、人々を仲直りさせることもできるのではないだろうか？

3　ゲリラに武器を捨てさせた広告企業

二〇〇六年、コロンビアでのことだ。カルロス・ロドリゲスとファン・パブロ・ガルシアは、世界最大級の広告企業マレンロウのコロンビア支社で働いている。通常は、キャットフードのコマーシャルを企画したり、新ブランドのシャンプーの販促戦略を立てたりしているが、この日、同社にはいつもとは異なる依頼が舞い込んだ。

クライアントはコロンビアの防衛大臣。そして仕事は？　南アメリカで最も歴史の古いゲリラ組織、ＦＡＲＣ（コロンビア革命軍）との戦闘の支援である。政府はこのゲリラを、**ゲリラ・マーケティング**によって攻撃しようとしていた。

それまでにコロンビアでは、ゲリラとの戦争が五〇年以上続き、およそ二二万人が犠牲になっていた。軍隊、右翼の民兵組織、ＦＡＲＣなどのゲリラ組織が、凶悪な武装闘争を展開し、一世代が平和を知らないまま育った。政府は、この戦争を力ずくで終わらせるのは不可能だと悟っていた。

大臣の依頼を受けたカルロスとファンは、いつものようにターゲットになる聴衆《オーディエンス》へのインタビューからその仕事を始めた。もっとも、今回のオーディエンスは元ゲリラ兵だ。マレンロウ社の調査員は、一年かけて一〇〇人近くの元ゲリラ兵にインタビューし、何が彼らをＦＡＲＣの拠点であるジャングルに向かわせ、そこにとどまらせるのかを突き止めようとした。どのインタビューでも調査員の結論は同じだった。「彼らは普通の人間だ」。

元ゲリラ兵は、わたしたちの誰もが抱くのと同じ欲求、夢、願望を抱いていた。「彼らがゲリラではなく普通の人間だとわかると、コミュニケーションの仕方は一八〇度変わった」とカルロスは後に説明する。[注14] カルロスらは、第二次世界大戦中に数百名のドイツ人捕虜と面会した心理学者モーリス・ジャノウィッツと同じ結論に達したのである（第10章参照）。ゲリラもまた普通の人間であるなら、ＦＡＲＣのイデオロギーを攻撃するのではなく、もっと感情に訴えるべきだ、と。

さらにマレンロウ社のチームは、ＦＡＲＣから脱退するゲリラ兵の数が、毎年同じ時期に最も多いことを発見した。それはクリスマスの時期だ。世間の人々と同じく、ゲリラもクリスマスには家に戻りたくなるらしい。そういうわけで、カルロスとファンは、ある単純な策を上司に提案した。「ばかげているかもしれませんが、ジャングルの真ん中にクリスマスツリーを立てるというのは、どうでしょう？」（注15）

クリスマス作戦は二〇一〇年一二月に始まった。

夜闇にまぎれて、特殊部隊を乗せた軍用ヘリコプター、ブラックホーク二機が、ジャングルの奥地に向かった。ゲリラの支配地域に到着した部隊は、九つの戦略的場所で高さ七五フィートほどの木を選んで、総計二〇〇〇個のＬＥＤライトを飾った。これらの「クリスマスツリー」は人が近くを通るとライトが点灯するようになっていて、垂れ幕が取りつけられていた。

垂れ幕には「ジャングルにもクリスマスがやってくるのだから、あなたも家へ帰るといい。脱退しよう。クリスマスには、すべてが許される」と書かれていた。

この作戦は圧倒的な成功をおさめた。一か月のうちに三三一名のゲリラ兵がＦＡＲＣから脱退した。その多くは、クリスマスツリーを見たからだ、と語る。「指揮官は怒らなかった」とあるゲリラ兵は言った。「ツリーは、これまでに見たプロパガンダとは違っていた……指揮官も感動していた」（注16）

マレンロウ社のチームは脱退したゲリラ兵へのインタビューを続けた。すると、その大半はクリスマスツリーのことを知っていたが、自分の目では見ていなかったことがわかった。なぜなら、ＦＡＲＣがジャングルを移動する際には、主に川を利用していたからだ。この発見は、広告業者に次のアイデアをもたらした。

「光の川作戦」は二〇一一年一二月に始まった。川の近くに暮らし、ＦＡＲＣ新兵の主な供給源になっていた人々は、ＦＡＲＣに加わった兄弟、姉妹、息子、娘、友人に宛てて手紙を書くよう頼まれた。伝えたいメッセージはこうだ。「家へ戻ってきて。わたしたちはあなたを待っている」。

これらの手紙や小さな贈り物は、六八二三個の、ＬＥＤで光る透明なプラスチック球に入れられ、川に流された。その夜、きらきらと光るプラスチック球は、空から星が落ちてきたかのように、ジャングルを流れる川をきらめかせた。その結果は？　さらに一八〇名のゲリラ兵が武器を置いた。その中には爆弾製造者もいた。

さらに作戦は続いた。翌年には「ベツレヘム作戦」が遂行された。元ゲリラ兵にインタビューするうちに、ジャングルにいるゲリラはしばしば方角がわからなくなることが明らかになった。家に帰りたいと思っても、すぐ帰り道が見つかるわけではない。そこで道標《みちしるべ》になるよう、ＬＥＤ内蔵の小さなプラスチック製の発光体《ライト》を数千個、軍用ヘリコプターから撒いた。さらに、強力なサーチライト五基を町の広場などに設置し、毎晩、空に向けて照射した。その光線は、周囲数キロから見えるはずだった。ジャングルから出ようとするゲリラ兵は、星を頼りにベツレヘムに向かった預言者のように、空を見上げるだけで自らが進むべき方角がわかった。

それに続いて、チームは奥の手を導入した。

ゲリラがジャングルで恋しいと思うものがあるとすれば、それは母親であることを、チームは知った。そこで、コロンビアの諜報部から、子どもがFARCに入った母親のリストを入手した。中には、二〇年以上、わが子と会っていない母親もいた。チームはそんな母親たちからゲリラ兵の幼い頃の写真を提供してもらって、本人にしかわからないそれらの写真を、ジャングルのあちこちに置いた。それらにはすべて同じキャプションが書かれていた。「ゲリラになる前、あなたはわたしの子どもでした」

この作戦も成功し、二一八名の迷える息子や娘が両親のもとへ帰った。(注17)再会を果たすと、彼らは恩赦を受け、商業を学んで仕事を見つけるために、社会復帰プログラムへ送られた。これらの作戦がすべて成功した秘訣は何だろう。ゲリラ兵は化け物のように見えるが、普通の人間だ。「わたしたちが探しているのは犯罪者ではなく子ども、ジャングルで道に迷っている子どもなのです」とファンは説明する。(注18)

この寛大さは、どこから生まれたのだろうか。なぜ元ゲリラ兵に恩赦やトレーニングや仕事が差し出されたのだろう。どうしてコロンビアの人々は、過去を水に流す気になったのだろう。

これらの質問を、カルロスとファンの上司であるホゼ・ミゲル・ソコロフに投げかけたところ、彼は笑ってこう答えた。「思うに、わたしたちの作戦は、反逆者に第二のチャンスを与えようとする人の数を少々誇張したかもしれない」(注19)

もっとも、多くの選択肢があったわけではない。このチームはヨーロッパが一九一四年に直面したのと同じパラドクスに出くわした。それは、前線から遠くなるほど憎しみは強くなる、というものだ。「ゲリラとの戦争の影響を受けていない人の方が、ゲリラに敵意を抱きがちだった」とホゼは認める。その一方で、自分が拉致《らち》されたり、愛する人を失ったりした人々は、過去を水に流したいと思っていた。

チームは、そちらにスポットライトを当てることにした。全てのコロンビア人がゲリラ兵の帰還を心から待ち望んでいるかのように見せかけ、それが自己充足的予言になることを期待したのだ。結局、その通りになった。数千人のゲリラ兵が二〇一〇年までに郷里へ帰り、FARCの兵士はわずか数年で二万人からその半分以下になった。

もちろん、この集団脱出のすべてが、ホゼと彼のチームが仕掛けた作戦によるものだったわけではないが、コロンビア防衛省は、彼らの平和的なプロパガンダがきわめて重要な役割を果たしたと確信している。財務省も喜んだはずだ。というのも、クリスマスのイルミネーションは、爆弾や手榴弾よりかなり安上がりだったからだ(注20)。

マレンロウの作戦は、二〇一一年に始まったFARCとの和平交渉を強力に後押しした(注21)。同社に話を持ってきた防衛大臣ファン・マヌエル・サントスは大統領になり、二〇一六年にはノーベル平和賞を受賞した。半世紀以上に及んだゲリラとの戦争はついに終わった。二〇一七年、FARCは数千の武器を引き渡し、最後まで残っていたゲリラ兵もジャングルを出た。「今日は特別な日だ」とサントス大統領は宣言した。「武器が言葉に変わる日である(注22)」

4　優しさの伝染を

もっとも、コロンビアが突如として平和な国になったわけではない。現在、ジャングルには他の反政府グループが居座っているし、左翼のＦＡＲＣが武装解除した代わりに、極右の民兵組織や麻薬の密売人が勢力を拡大した。また、半世紀に及んだ流血の傷跡が完全に消えることは決してない。

それでも、この物語は希望をもたらす。コロンビアの広告チームが目撃したのは、一〇〇年前に見られたのと同じ、優しさの伝染力だった。一九一四年のクリスマスの戦場で、平和が伝染病のように広がった時、影響されない兵士はほとんどいなかった。まれな例外となったのはバイエルン王国第一六予備歩兵連隊に所属する頑迷な二五歳の伍長で、「そのようなことは戦時中に起きるべきではない」と言い放った。彼の名はアドルフ・ヒトラーだ。(注23)

他の軍人のほとんどは、塹壕での休戦を人生のハイライトとして記憶した。どこでも最初に心を通わせたのは前線に近い兵士たちだった。そこで芽生えた友情の精神が、大尉、少佐、大佐へと広がっていった。

しかし、軍のトップだけは抵抗し、平和という伝染病の広がりを必死になって食い止めようとした。一二月二九日、ドイツ軍の最高司令部は、敵との親交を厳しく禁じる命令を出した。イギリスの陸軍元帥はそれをそっくり真似て、戦場でのあらゆる友好的な態度を禁じた。(注24) 従わない者は軍法会議にかける、とした。

その後の数年間、軍の司令部は念入りに準備した。一九一五年のクリスマス、イギリス最高司令部は、クリスマスの感傷をみじんも引き起こさないよう、戦略的要地を昼夜、爆撃した。ロイヤル・ウエルチ・フュージリアーズ連隊のウィン・グリフィス中尉は、自分たちが受けた命令は「厳命だった」と記している。「憎しみを保ち続け、敵のあらゆる動きに弾丸で応じるよう、命じられた[注25]」

もし多くの兵士が望んだ通りに、事が進んでいれば、一九一四年のクリスマスの後に戦争は終わっていただろう。あるイギリスの少佐が明らかにしたところによれば、「もしも決断がわたしたちに委ねられていたなら、それ以上の発砲はなかったはずだ[注26]」。

クリスマスの後も、数千名の兵士が、平和を維持しようと懸命に努力した。ひそかに手紙が敵陣に届けられた。「明日は警戒せよ」と、あるフランス部隊はドイツ部隊に宛てて書いた。「司令官がこちらに来る。……我々は発砲しなくてはならないだろう」。イギリスの大隊も同様の書状をドイツ隊から受け取った。「我々は仲間でありつづけたい。発砲せざるをえない状況になったら、高すぎるところを撃とう[注27]」。

いくつかの前線では、休戦を数週間延長することに成功した。そして、あらゆる抑制策にもかかわらず、その後も休戦は起きつづけた。一九一七年のニヴェル攻勢では、犬死にに等しい突撃戦に嫌気がさしたフランス軍の兵士が、反乱を起こした。フランス師団の半数が命令を拒否したが、ドイツはその異変に気づかなかった。彼らは、フランス兵は、発砲しないという長年の暗黙の協定を守っているだけだと、思い込んでいたのだ[注28]。

この戦争の間、平和はいつ訪れてもおかしくなかった。軍事歴史家のトニー・アッシュワースは一九一四年のクリスマスを「突如として氷山全体が現れた」と表現する[注29]。戦時中でも、平和の氷山は隙あらば浮上しようとする。その氷山を海面下に押し戻すために、司令官、政治家、主戦論者は、フェイクニュースから力ずくまで、あらゆる手段を用いる。人間は戦争をするようにはできていないのだ。

わたしを含め、誰もが覚えておくべきは、他の人々も自分たちと変わらないということだ。テレビで怒りを爆発させている有権者も、統計上の難民も、顔写真で見る犯罪者も、すべて血の通った人間であり、もし人生の軌道が違っていたら、わたしたちの友人、家族、恋人であったかもしれない。あるイギリス兵はそれに気づいてこう言った。「彼らも、家には愛する家族がいる」(注30)

自分の塹壕に立てこもると、現実が見えなくなる。他者への憎悪を駆り立てる少数の人が、すべての人間を代表しているように思えてくる。ツイッターやフェイスブックにまかれる毒もそれと同じで、大半はほんの一握りのインターネット荒らしによるものだが、大多数の声のように思える。(注31)しかし、強い毒をまき散らすインターネット荒らしでさえ、ふだんは思慮深い友人や、愛情深い介助者かもしれないのだ。

人間は生来親切だと考えるのは、感傷的でも、世間知らずでもない。それどころか、平和と許しを信じることは、勇敢で、現実的だ。ホゼ・ミゲル・ソコロフは、クリスマス作戦を支援してくれたコロンビア軍の将校について語る。数か月後、その将校は戦死した。ホゼは今も彼から学んだことを覚えている。「この作戦をぜひとも遂行したい」とその将校は言った。「なぜなら、寛大さはわたしを強くするからだ。そして、部下たちも自分が強くなったと感じられるからだ」(注32)

古来、それは真実だ。人生において大切なすべてのものと同じく、信頼と友情、そして平和は、与えれば与えるほど、より多くを得られるのである。

エピローグ

EPILOGUE

人生の指針とすべき10のルール

「もしあなたが、女性を誘拐して五年間ラジエーターに鎖でつなぐ男の映画を作ったら——おそらくそんなことは、歴史上、一度しか起きていないだろうが、——それは社会を現実的に分析した映画だと、褒めそやされる。しかし、『ラブ・アクチュアリー』のように、恋に落ちる人々を描く映画を作ったら、今日の英国ではおよそ一〇〇万人が恋に落ちているにもかかわらず、非現実的な世界を感傷的に描いた映画だと言われるだろう」

リチャード・カーティス（映画監督・脚本家）

伝説によると、デルフォイのアポロン神殿の前庭には、ある言葉が刻まれていたそうだ。古代ギリシア時代、その神殿は聖地と見なされており、周辺地域から、多くの人が神託を求めてここを訪れた。

その言葉とは、GNOTHI SEAUTON（グノーティ・セアウトン）。

汝自身を知れ、という意味だ。

心理学や生物学、考古学や人類学、社会学や歴史学における最新の証拠を見ると、わたしたち人間は数千年にわたって、誤った自己イメージに操られてきたと言わざるを得ない。ずいぶん長い間、わたしたちは、人間は利己的、悪く言えば、獣だと思い込んできた。そしてずいぶん長い間、文明はほんの少し叩いただけでひび割れてしまう薄っぺらなベニヤ板だ、と考えていた。しかし今、わたしたちは、人類とその歴史に対するこの見方が、まったくの間違いだったことを理解した。

先の数章では、人間の本性についての見方を変えるだけで訪れる新しい世界を示そうとした。わたしは表面をなぞったにすぎないが、実際のところわたしたちが、大半の人は親切で寛大だと考えるようになれば、全てが変わるはずだ。そうなれば、学校、刑務所、ビジネス、民主主義の構造を全面的に考え直すことができる。そして、人生をどう生きるか、ということも。

ここで断っておきたいが、わたしは自己啓発本が好きではない。思うに今の時代は、自分の内面にばかり目を向け、外に目を向けることが少なすぎるようだ。よりよい世界の構築は自分一人でではなく、皆で始めるものであり、主な仕事は、今までとは異なる制度を創ることだ。そのためには、出世したり裕福になったりするための秘訣を一〇〇学んでも、まったく無益だ。

わたしはある友人に、「この本を書いたことで、きみの人生は変わったか?」と尋ねられ、その答えが「イエス」であることに気づいた。人間の本性についての現実に即した見方は、あなたが他者とどう関わるかに大きく影響する。だから、ここ数年間で学んだことを基盤とする、わたしの人生の指針一〇か条を紹介することには、価値があるだろう。

1　疑いを抱いた時には、最善を想定しよう

わたしが自分に課した最初の戒律は、実行が最も難しいものでもある。第3章で、人間は互いとつながるように進化したことを述べたが、そもそも、人とのコミュニケーションは難しい。例えば、あなたの発言が誤解されたり誰かにばかにされたり、あるいは人づてにとても不快なコメントを聞いたりする。どんな関係でも、たとえ長年の夫婦であっても、人が自分をどう思っているかはわかりづらい。

そういうわけで、わたしたちは推測する。たとえば、同僚に嫌われているのではないかとあなたが思ったとする。すると、それが事実であってもなくても、あなたの行動は変わり、同僚との関係はぎくしゃくしてくる。第1章では、人間には「ネガティビティ・バイアス」があることを述べた。ゆえに、たった一つの不快な意見が一〇の賛辞より強く心に刻まれる。

また、疑いを持つと、最悪を想定しがちだ。

その一方で、わたしたちは「非対称フィードバック」と呼ばれるものの犠牲にもなる。それは、誰かを信用しすぎて、後にそれが見込み違いだったとわかることだ。たとえば、親友だと思っていた人があなたの老後資金を盗んで国外へ逃亡したり、家をずいぶん安く買えたと思っていたら欠陥住宅だったり、テレビショッピングで買った筋トレマシンを六週間使っても、宣伝していたようには腹筋が割れなかったり、といったことだ。人を信用しすぎると、痛い目にあう。(注1)

だからといって、誰も信じないことにしたら、その判断が正しいかどうかは決してわからないだろう。なぜなら、フィードバックを得られないからだ。たとえば、あなたがブロンドのオランダ男に騙されて、二度とオランダ出身のブロンドは信じない、と心に誓ったとする。残りの人生、あなたはブロンドのオランダ人すべてに疑いの目を向け、彼らの大半はきわめて正直だという真実を知ることはないだろう。

では、誰かの意図が疑わしく思えたら、どうすればいいだろう。

最も現実的なのは、善意を想定することだ。つまり、「疑わしきは罰せず」である。たいていの場合それでうまくいく。なぜなら、ほとんどの人は善意によって動いているからだ。そして、誰かがあなたを欺こうとしている数少ないケースでは、あなたの非相補的行動が相手を変える可能性が高い。(注2)(強盗を企てた少年に夕食をごちそうしたフリオ・ディアのように)。

しかし、それでも騙された場合は、どう考えればよいのだろう。心理学者のマリア・コンニコワはプロの詐欺師に関する魅力的な著書でこの件について語っている。(注3)「常に警戒しなさい」というのがコンニコワのアドバイスだと、あなたは思うかもしれない。そうではない。彼女は詐欺やペテンの研究の第一人者だが、出した結論はそれとは大違いだ。時々は騙されるという事実を受け入れたほうがはるかに良い、と彼女は言う。なぜならそれは、他人を信じるという人生の贅沢を味わうための、小さな代償だからだ。

わたしたちのほとんどは、信じるべきでない人を信じたことがわかると、恥ずかしいと思う。しかし、もしあなたがホッブズ流の現実主義者《リアリスト》なら、人を信じたことを少し誇らしく思うべきだ。さらに言えば、もしあなたが一度も騙されたことがないのなら、基本的に人を信じる気持ちが足りないのではないか、と自問すべきだろう。

2　ウィン・ウィンのシナリオで考えよう

伝えられるところによると、トマス・ホッブズは、ある日、友人とロンドンを散歩していて、突然立ち止まって物乞いにお金を恵んだ。友人は驚いた。人間は本来、利己的だというのが彼の持論ではなかったのか。しかし、ホッブズに言わせれば、その行動に矛盾はなかった。苦しんでいる物乞いを見ると不快な気分になる。だから、それを避けるために、いくばくかのコインを恵んだのだ、と彼は言った。つまり、彼の行動は利己心によるものだったのだ。(注4)

この二〇〇年間、哲学者と心理学者は、純粋な利他主義は存在するのか、という問題に頭を悩ませてきた。しかし率直に言って、その議論自体、わたしから見れば意味がない。誰かに親切にするたびに気分が悪くなる世界に暮らしていることを想像してみるといい。そんな世界はまるで地獄だ。

良いことをすると気分が良くなる世界に生きているというのは、素晴らしいことだ。わたしたちは食べ物を好むのは、それがなければ飢えるからだ。セックスを好むのは、それをしなければ絶滅するからだ。人助けが好きなのは、他者がいないと自分もいなくなるからだ。良いことをすると気分が良くなるのは、それが良いことだからだ。

悲しいことに、無数の企業、学校、その他の機関は、誤った通説を土台として組織されている。その通説とは、人間は本質的に、常に互いと競いあうようにできている、というものだ。ドナルド・トランプはその著書『大富豪トランプのでっかく考えて、でっかく儲けろ』(Think Big and Kick Ass) でこうアドバイスする。「相手ではなく、自分に勝ち目があるうちに、敵を粉砕し、自分のためになるものを奪い取れ(注5)」。

実のところ、これは逆だ。最善のシナリオは、すべての人が勝者になるものだ。ノルウェーの刑務所はどうだっただろう。そこはより快適で、より人道的で、より経済的だった。オランダのヨス・デ・ブロークが始めた在宅ケア組織は? 低コストで上質なケアを提供し、スタッフの賃金は高く、スタッフと患者の双方が満足している。これらは誰もが勝者になるシナリオだ。

同じように、許しに関する文学も、他者への寛容さが自分のためになることを強調する(注6)。それは人間の天分であるだけでなく、良い取引でもある。なぜなら、許すことができれば、反感や悪意にエネルギーを浪費しないですむからだ。事実上、自分を解放することになる。「許すことは、囚人を自由にすることだ」と、神学者のルイス・B・スメデスは書いている。「そして、その囚人が自分だったことに気づくことだ」(注7)

3 もっとたくさん質問しよう

世界史上のほぼすべての哲学に共通する黄金律《ゴールデンルール》は、「自分がされたくないことを人にしてはいけない」というものだ。この教えは、二五〇〇年前の中国の思想家、孔子がすでに述べている。その後、ギリシアの歴史家ヘロドトスや、プラトンの哲学にも登場し、数百年後、ユダヤ教、キリスト教、イスラム教の聖典に組み込まれた。

最近では、何十億人もの親がわが子に、この黄金律を繰り返し教えている。それには二つの形がある。「自分がそうされたいと思うように他の人に接しなさい」という積極的教えと、「自分がされたくないことを他人にしてはいけない」という消極的教えである。神経学者の中には、この教えは数百万年にわたる人類進化の産物であり、わたしたちの脳にプログラムされている、と考える人さえいる。(注8)

それでもわたしは、この黄金律では不十分だと考えるに至った。第10章では、共感が悪いガイドになる可能性について触れた。他者が何を望んでいるかを、わたしたちは常に正しく理解しているわけではない。自分にはそれがわかっていると考えている経営者、CEO、ジャーナリスト、為政者は、他者の声を奪っているに等しい。テレビでインタビューされる難民をほとんど見かけないのも、民主主義とジャーナリズムがたいてい一方通行になっているのも、福祉国家が父権主義《パターナリズム》に染まっているのも、すべて、他者が何を望んでいるかを自分はわかっていると思いこんでいるせいなのだ。

それよりも、質問から始める方が、はるかに良いだろう。ポルト・アレグレの市民参加型民主主義のように、市民に発言をさせよう（第15章参照）。ジャン・フランソワ・ゾブリストの工場のように、従業員に自分のチームを指揮させよう（第13章参照）。シェフ・ドラムメンの学校のように、子どもたちに学習計画を立てさせよう（第14章参照）。

黄金律のこのバリエーションは、「白金律《プラチナルール》」と呼ばれるが、ジョージ・バーナード・ショーがその本質をうまく言い当てている。「自分がしてもらいたいと思うことを他人にしてはいけない。その人の好みが自分と同じとは限らないからだ（注9）」

4　共感を抑え、思いやりの心を育てよう

白金律が必要とするのは共感ではなく、思いやりだ。その違いを説明するために、チベット仏教の僧侶マチウ・リカールを紹介しよう。自分の思索をコントロールする伝説的な力を持つ人物だ。（もしあなたがそんな力を身につけたいと思うのであれば、彼がそうなるために要した五万時間の瞑想に精を出しなさい、というのがわたしからのアドバイスだ）

数年前、リカールは、神経学者のタニア・シンガーの研究に協力して、脳をスキャンした。（注10）シンガーが知りたかったのは、共感を感じている人の脳内で何が起きているかということ、

さらに重要なこととして、共感に代わるものがあるかどうか、である。

その準備として、前の晩、シンガーはリカールに、ルーマニアの孤児についてのドキュメンタリーを見せた。翌朝、シンガーは、これからスキャナーに入ろうとするリカールに、孤児のうつろな目、か細い手足を思い出すことを求めた。リカールは彼女の言葉に従い、ルーマニアの孤児がどういう気持ちだったかを、できるだけありありと想像した。脳画像では、前島が活性化していた。耳のすぐ上にある脳領域だ。

一時間後、彼は打ちひしがれていた。

これが、共感がわたしたちに与える影響だ。それは人を消耗させる。後の実験で、シンガーは一群の被験者に対し、一週間のあいだ毎日、一五分間目を閉じて、できるだけ深く他者に共感することを求めた。一五分は彼らが耐えられる限界だった。その一週間が終わると、被験者は皆、以前より悲観的になっていた。ある女性は、列車に乗り合わせた客を見ても、苦しみしか見えなくなったと言った。[注11]

リカールとの次のセッションでは、シンガーは別のことを試みた。彼女は再びルーマニアの孤児について考えることを求めたが、今回は、孤児の境遇に身を置いて、孤児と共に感じるのではなく、リカールが長年磨き上げてきたスキルを用いて、孤児のために感じることを求めた。リカールは、孤児たちの苦悩を共有するのではなく、彼らへの優しさ、気遣い、思いやりを呼び起こすことに気持ちを集中させた。彼らの苦悩を自分も経験するのではなく、それとの間に距離を置いたのだ。

モニターを見ていたシンガーにはすぐに違いが分かった。リカールの脳では、以前とは異なる部分が明るくなった。前回は前島が光ったが、今、光っているのは、線条体《せんじょうたい》と眼窩前頭皮質だった。

何が起きたのだろう？　リカールの新しい精神活動は、わたしたちが「思いやり」と呼ぶものだ。共感と違って思いやりはエネルギーを搾《しぼ》りとらない。事実、前回に比べて、リカールははるかに気分が良かった。なぜなら、思いやりは、よりコントロールしやすく、客観的で、建設的だからだ。思いやりは他者の苦悩を共有することではなく、それを理解し行動するのに役立つ。それだけでなく、思いやりはわたしたちにエネルギーを注入する。それは他者を助けるために必要なものだ。

他の例としては、たとえば、あなたの子どもが暗闇を怖がっているとしよう。この場合、共感とは、子どもと一緒に部屋の隅にしゃがみ込み、声をひそめて話すことだ。一方、思いやりとは、子どもを落ち着かせ、怖がる必要はないとなだめることだ。当然、あなたはそうするだろう。

では、わたしたちは皆、マチウ・リカールに倣って瞑想を始めるべきなのだろうか？　最初、わたしは瞑想にニューエイジっぽいイメージを持っていたが、実のところ、瞑想によって思いやりを鍛錬できるという科学的証拠がいくつかある。(注12)　脳は鍛えることのできる器官だ。そして、運動で体形を維持できるのであれば、心に対しても同じことをしてみてはどうだろうか。

5　他人を理解するよう努めよう。たとえその人に同意できなくても

　正直に言うと、わたしは瞑想に挑戦したが、今のところ、あまりうまくいっていない。どういうわけか、ｅメールやツイートに邪魔されたり、トランポリンで遊ぶヤギの動画に気をとられたりするのだ。それに、五万時間の瞑想だって？　申し訳ないが、わたしにも生活がある。

　幸い、ズームアウトする方法は他にもある。それは一八世紀の啓蒙哲学者が選択した方法、すなわち、理性、あるいは知性を働かせるのだ。物事を合理的に理解する能力は、脳のさまざまな領域を動員する心理プロセスだ。理性によって何かを理解しようとすると、前頭前皮質が活性化する。それは額のすぐ後ろにある領域で、人間のものは動物の中で例外的に大きい。(注13)

　もっとも、この皮質が重大な過ちを犯すことを示す研究は、無数にある。人間は常に理性的なわけではなく、冷静でもないことを、それらは語る。しかし、わたしは、そうした報告を過大評価すべきではないと考えている。わたしたちは日々、理性的な議論や証拠を使用し、法とルールと同意に基づく社会を築いている。人間は、自分が思っているよりはるかに上手に考える。理性の力は、わたしたちの感情的な性質を覆う薄い膜ではなく、わたしたちが何者であり、何が人間を人間にしているかを語る本質的な特徴なのだ。(注14)

　刑務所に関するノルウェーの構想を振り返ろう。それは直観に反するように思えるが、理

性を働かせて再犯率を調べてみると、犯罪者を扱う優れた方法であることがわかる。あるいは、ネルソン・マンデラの政治倫理を思い出そう。彼は常に、口を閉ざし、感情を抑え、明敏かつ分析的であり続けた。マンデラは優しいだけでなく鋭敏でもあった。他人を信頼することは、感情に基づく決断であると同時に、理性的な決断でもあるのだ。

当然ながら、他の人を理解するために、その人に同意する必要はない。ファシスト、テロリスト、あるいは『ラブ・アクチュアリー』のファンがどう考えているかは、ファシスト、テロリスト、あるいは感傷的な映画のファンにならなくても理解できる。(わたしはその最後のグループの誇り高い一員であることを言っておこう)。他者を理性のレベルで理解するのは一つのスキルだ。それは、鍛えることのできる筋肉である。

理性の力がとりわけ必要とされるのは、感じのいい人でいたいという欲求を抑制する時だ。わたしたちの社交的本能は、時として、真実と公正さの妨げになる。考えてみよう。わたしたちは、誰かが不当な扱いを受けているのを見ても、面倒な人間だと思われたくなくて、口をつぐむことはないだろうか。平穏さを保つために、言いたいことを飲み込むことはないだろうか。権利のために闘う人々を非難したことはないだろうか。

このことは、本書が抱える大きなパラドクスだとわたしは思う。人間は社会的な動物になるために進化してきたとわたしは論じたが、時として、その社会性が障害になることがある。歴史が語るのは、進歩はしばしば、ビュートゾルフのヨス・デ・ブロークやアゴラのシェフ・ドラムメンのように、他の人から見たら、偉そうな、あるいは不親切に思える人々から始まるということだ。彼らは、公の場で堂々と自説を主張できる、ずぶとい神経の持ち主だ。あなたを不安にさせる不愉快な話題を持ち出す人々だ。

このような人々を大切にしよう。彼らこそ、進歩の鍵なのだ。

6　他の人々が自らを愛するように、あなたも自らを愛そう

二〇一四年七月一七日、マレーシア航空のボーイング777型機が、ウクライナのクラボヴォ村の外れに墜落した。乗客と乗員は二九八名で、うち一九三名はオランダ人だった。親ロシア分離主義者が撃墜したのである。生存者はいなかった。

わたしがそのニュースを初めて聞いた時、二九八名が亡くなったことは実感を伴わなかったが、その後、オランダの新聞を読んで、みぞおちを殴られたような衝撃を感じた。(注15) その記事は、カレイン・カイザー（二五歳）とローレンス・ヴァン・デル・グラーフ（三〇歳）の写真から始まる。飛行機に乗り込む直前に自撮りした、巻き毛の女性とブロンドの男性のとても幸せそうな写真だ。記事によると、二人はアムステルダムのボートクラブで出会った。ローレンスは優れた学生新聞「プロプリア・クーレス」に執筆し、カレインはアメリカで博士号を取得する直前だった。

そして、二人は深く愛しあっていた。

「二人はいつもお互いに夢中で、いつも一緒にいる幸せなカップルだった」という友人の言葉が紹介されていた。わたしは新聞の七ページ目の、イラクでの残虐行為に関する記事は読

み飛ばしたくせに、この二人の記事を読んで泣きそうになった。偽善的ではないか、とわたしは自問した。往々にしてこの種の報道はわたしを悩ませる。たとえば、船が沈没して乗客全員が亡くなった時に、オランダの新聞は「二人のオランダ市民がナイジェリア沿岸で死亡した」と報じる。

そうは言っても、人間には限界がある。わたしたちは自分に似た人、同じ言語を話し、外見や背景が似通った人々のことをより気にかける。わたしもかつてはオランダの大学生で、大学のクラブに所属し、そこでゴージャスな巻き毛の女性と出会った。また、学生新聞「プロプリア・クーレス」に寄稿するのが好きだった。(ローレンスの友人は同紙の追悼記事にこう書いた。「ローレンスを知る人にとって、彼のパワフルな動きを止めるのに対空ミサイルが必要だったことは、驚くに値しない」(注16))。

亡くなる数時間前に彼らが自撮りした笑顔の写真を新聞社に送ったのは、カレインの兄弟だった。「どうかオランダと世界に、わたしと姉妹と両親が経験している痛みを伝えてほしい。これはオランダの数百人の人々の痛みなのだ」と彼は記した。

彼の言う通りだった。オランダ人の誰もが、その飛行機に乗った人を知っている誰かと知り合いだった。この時、わたしは、オランダ人に対してそれまで抱いたことのない気持ちを抱いた。

なぜ、わたしたちは自分と似ている人のことをより気にかけるのだろう。第10章では、悪は遠くから仕事をすることを語った。距離は人に、インターネット上の見知らぬ人への暴言を吐かせる。距離は兵士に、暴力に対する嫌悪感を回避させる。そして距離は、奴隷制からホロコーストまで、歴史上の最も恐ろしい犯罪を可能にしてきた。

しかし、思いやりの道を選べば、自分と見知らぬ人との距離が、ごくわずかであることに気づくだろう。思いやりはあなたに境界を越えさせ、ついには、近しい人や親しい人と、世界の他の人々が、等しく重要に思えるようになる。そうでなければ、ブッダは家族を捨てただろうか。そうでなければ、キリストが弟子に、父と母、妻と子、兄弟と姉妹を置き去りにせよと説いただろうか。

もっとも、これらは極論と見なしていいだろう。

愛は小さな愛から始まる。自己嫌悪に悩まされている人が、他の誰かを愛せるだろうか。家族や友人を大切にしない人が、世界の重荷を担うことができるだろうか。小さなことをうまく扱えるようになって、ようやく大きなことを引き受けることができる。あの一九三名のオランダ人乗客の中には、ＡＩＤＳ研究者から人権擁護家まで、この世界をより良くしようとしていた人々が数多く含まれた。それでも彼らの死を最も嘆いたのは、彼らに最も近しい人々だったはずだ。

わたしたちは人を区別する。えこひいきするし、身内や自分に似た人々のことをより気にかける。それは恥ずかしいことではない――それがわたしたちを人間にしているのだ。それでも理解しなければならないのは、他の人々、遠くの見知らぬ人々にも、愛する家族がいることだ。そして彼らもまた、あらゆる点でわたしたちと同じ人間であることだ。

7　ニュースを避けよう

今日、遠い地域についての最大の情報源になっているのはニュースだ。夜のニュース番組を見ると、現実をよく知っている気分になるかもしれないが、実のところニュースは、あなたの世界観を歪めている。ニュースは人々を、政治家、エリート、人種差別主義者、難民といったグループにくくりがちだ。なお悪いことに、ニュースは往々にして、「腐ったリンゴ」に焦点を絞る。

ソーシャルメディアについても同じことが言える。少数の不良が遠くで叫んだヘイトスピーチが、アルゴリズムによってフェイスブックやツイッターのフィードの上部にプッシュされる。これらのデジタル・プラットフォームはわたしたちのネガティビティ・バイアスを利用して儲けていて、人々の行動が悪くなればなるほど、利益が増える。なぜなら、悪い行動は人々の注目を集めて、クリック数を増やし、クリック数が多ければ多いほど、広告費は上がるからだ。(注17)このことがソーシャルメディアを、人間の最悪の性質を増幅するシステムに変えた。

神経学者は、わたしたちのニュースとプッシュ通知に対する渇望は一種の中毒だと指摘するが、シリコンバレーはずっと前からそれに気づいていた。フェイスブックやグーグルのような企業の経営者は、自分の子どもに対しては、インターネットと「ソーシャル」メディアに費やす時間を、厳しく制限している。教育の専門家が学校での iPad の活用やデジタルスキルの教育を褒めそやしている裏で、ハイテク企業のエリートは、麻薬王さながらに、自分の子どもたちがその有害な事業に取り込まれないようにしているのだ。(注18)

では、わたしのルールは何だろう。それを紹介しよう。テレビとプッシュ通知を遠ざけ、オンラインでもオフラインでも、もっと繊細な新聞の日曜版や、もっと掘り下げた著述を読む。スクリーンから離れて人々と直《じか》に会う。自分の体に与える食べ物と同じくらい、心に与える情報についても慎重になる。以上。

8　ナチスを叩かない

もし、あなたがニュースの熱心な崇拝者なら、絶望感にとらわれるのは簡単だ。知らん顔をしている人々がいるのに、リサイクルや、税金を払うことや、チャリティへの寄付に何の意味があるだろう。

もし、そんな考えが浮かんだら、冷笑主義《シニシズム》は「怠惰」の言い換えにすぎないことを思い出そう。それは責任をとらないための言い訳だ。もしあなたが、ほとんどの人は腐ったリンゴだと思っているのなら、不正に立ち向かう必要はない。いずれにしても、世界は崩壊する。

また、シニシズムに怪しいほど似た積極行動主義《アクティヴィズム》も存在する。彼らは慈善家だが、その主な関心は自己イメージにある。自分はすべてを知っていると思い込み、他者を思いやることなく、偉そうにアドバイスする。悪いニュースは、彼らにとっては良いニュースだ。なぜなら、「地球温暖化が加速している!」とか、「不平等は思っていたより悪い状況だ!」といっ

たニュースは、自分たちが正しいという証拠になるからだ。(注19)

しかし、ドイツのヴンジーデルという小さな町が示したように、別の道もある。一九八七年、ヒトラーの腹心だったルドルフ・ヘスが獄中で自殺し、ヴンジーデルの墓地に埋葬されると、その町はネオナチの聖地になった。現在でも、毎年ヘスの命日である八月一七日には、スキンヘッドのネオナチが暴動や暴力が起きるのを期待しつつ、町中を行進する。

そして毎年、まさにそのタイミングで、反ファシズム主義者がこの町にやってきて、ネオナチの望みどおりの状況をもたらす。当然ながらマスコミのカメラは、誰かがナチを殴るさまを映し出す。しかし後に、それは逆効果であることがわかる。中東への爆撃がテロリストにとってマナ（神がイスラエルの民に与えたとされる食べ物）であるように、ナチを殴っても、彼らを力づけるだけだ。彼らはそれを自分たちの正当性の裏づけと見なし、新兵の勧誘がしやすくなる。

そこでヴンジーデルは、異なる戦略を試すことにした。二〇一四年、反ナチ組織 EXIT-Deutschland を率いる冗談好きのドイツ人、ファビアン・ウィッヒマンが、絶妙なアイデアを思いついた。ルドルフ・ヘスのための行進をチャリティウォークにしたらどうだろう？ヴンジーデルの住民はそのアイデアを気に入った。ネオナチが歩いた一メートル毎に、町の人々は一〇ユーロを EXIT-Deutschland に寄付するのである。そのお金は、極右グループからの脱退の支援に使われる。

イベントに先立って、町の人々は街路にスタートとゴールのラインを引いた。そして、行進に感謝する垂れ幕をつくった。一方、ネオナチは何が起きようとしているのかを知らなかった。当日、ヴンジーデルは大歓声で彼らを迎え、ゴールラインに到着すると、紙ふぶきを浴びせた。このイベントは、正しい目的のために二万ユーロ以上を生み出した。

ウィッヒマンは、このようなキャンペーンで重要なのは、その後もドアを開いたままにしておくことだ、と強調する。二〇一一年の夏、彼の組織はドイツの過激なロックフェスティバルで、Tシャツを配った。極右のシンボルが派手に描かれたそのシャツは、ネオナチの思想を支持しているかのように見えた。しかし、洗濯すると、別のメッセージが現れた。「Tシャツにできることは、きみにもできる。わたしたちは、きみが極右から自由になるのを助けよう(注20)」

安っぽく聞こえるかもしれないが、翌週から、EXIT-Deutschlandにかかってくる電話の数は三倍になった。ウィッチマンは、自らのメッセージがネオナチをいかに混乱させたかを知った。ネオナチは嫌悪や怒りを予期していたが、救いの手を差し伸べられたのだ。

9 クローゼットから出よう。善行を恥じてはならない

手を差し伸べるために必要なものはただ一つ。それは勇気だ。なぜなら、手を差し伸べることで、情に流される人とか、自己顕示欲の強い人という烙印を押される恐れがあるからだ。「貧しい人に施しをする時、それを吹聴してはならない……」と、イエスは山上の垂訓で警告し、「祈る時は、奥まった自分の部屋に入って戸を閉め、隠れたところにおられる父なる神に祈りなさい」と言われた(注21)。

一見、賢明な助言のように思える。いったい誰が、聖人ぶっていると思われたいだろう。善行は隠れて行う方がはるかに安全だ。あるいはせめて、次のような言い訳を用意しておきたい。

「忙しくしていたいだけだよ」

「どのみち、要らないお金だから」

「履歴書が立派になると思ってね」

人は親切心から行動しても、しばしば利己的な動機をでっちあげることを、現代の心理学者たちは発見した。これは、ベニヤ説が最も定着している個人主義の西洋文化において、最もよく見られる。(注22) それは理にかなっている。つまり、もしあなたがほとんどの人は利己的だと仮定しているのなら、どんな善行も本質は疑わしいからだ。あるアメリカの心理学者が記している通り、「人は、自分の行動が純粋な思いやりや親切心からのものであることを、認めたくないようだ(注23)」。

あいにく、この遠慮はノセボのような働きをする。あなたは利己主義のふりをすることによって、他の人々の人間の本性に対する冷笑的《シニカル》な見方を強化する。なお悪いのは、善行を隠すことだ。そうすると、他の人はそれをお手本にできない。実に残念なことだ。なぜなら、「ホモ・パピー」の秘密のスーパーパワーは、互いを真似るのがきわめてうまいことだからだ。

誤解しないでほしい。他の人を刺激するために、自らの善行をひけらかす必要はない。また、善を支持するために、自らの善行を吹聴する必要もない。山上の垂訓で、イエスは弟子たちにそれを戒める一方、別のことを奨励している。「あなたがたは世の光である。山の上にある町は隠れることができない。また、ともし火をともして升の下に置く者はいない。燭台の上に置く。そうすれば、家の中のものすべてを照らすのである。そのように、あなたがたの光を人々の前に輝かしなさい。人々が、あなたがたの立派な行いを見て、あなたがたの天の父をあがめるようになるためである（注24）」

二〇一〇年、二人のアメリカの心理学者が優れた実験によって、善行は伝染することを明らかにした（注25）。彼らは、お互いを知らない一二〇名の被験者が参加するゲームを企画した。被験者は四つのグループに分けられた。初めに、各自、いくらかの現金を与えられる。グループの基金に寄付するかどうか、いくら寄付するかは自分で決める。第一ラウンドの後、全てのグループはシャッフルされ、第二ラウンドでは、前回同じグループだった人とは一緒にならない。

次に起きたのは、正真正銘、お金が増えるトリックだった。第一ラウンドで、誰かが一ドル多く寄付した場合、そのグループの他の被験者は、次のラウンドで平均で二〇セント多く寄付した。グループのメンバーが前回とは違っていたにもかかわらずだ。この効果は第三ラウンドでも見られ、被験者は平均で五セント多く寄付した。最終的に、一ドルの寄付が二倍以上の寄付を導いた。

わたしはしばしば、この研究のことを振り返る。その教えを覚えておきたいからだ。善行は池に投げ込まれた小石のように、あらゆる方向に波紋を広げる。この実験を行った研究者の一人は次のように述べる。「寛大さがソーシャルネットワークを通してどれほど連鎖していくかは、わからないが、数十人、あるいは数百人に影響する可能性もある」(注26)

優しさは伝染する。それは非常に伝染しやすく、ただ遠くから眺めている人にまで伝染する。その影響を最初に研究した心理学者の一人はジョナサン・ハイトだ。一九九〇年代末のことだった。(注27)彼は論文において、老婦人の私道の雪かきを手伝った学生について語っている。その学生の友人は、この私心のない行為を見て、後にこう記した。「ぼくは車から飛び出して、彼を抱きしめたくなった。歌って走って、スキップして、笑っているような気分だった。ただただ快活になった。誰彼なく褒めたくなった。美しい詩やラブソングを書いたり、子どものように雪の中で遊んだり、彼の善行を誰もに話したくなった」(注28)

ハイトは、親切な行動が、人々を驚かせ、感動させることを発見した。彼が被験者たちに、この種の経験からどんな影響を受けたか、と尋ねると、彼らは、自分も外へ出て、誰かを助けたくなった、と答えた。

ハイトはこの感情を「高揚(elevation)」と呼ぶ。人は、単純な優しい行為を見ただけで、文字通り、心が暖まるようにできている。さらに興味深いのは、人からこのような話を聞いただけで、そうなることだ。まるで心のリセットボタンが押されて冷笑的《シニカル》な気分が一掃され、この世界が再びはっきり見えるようになるかのようだ。

10　現実主義になろう

最後に、わたしが最も大切にしているルールをお教えしよう。

本書の目的の一つは、現実主義《リアリズム》という言葉の意味を変えることだった。現在、現実主義者《リアリスト》という言葉は、冷笑的《シニカル》の同義語になっているようだ――とりわけ、悲観的な物の見方をする人にとっては。

しかし、実のところ、冷笑的な人は現実を見誤っている。わたしたちは、本当は惑星Ａに住んでいて、そこにいる人々は、互いに対して善良でありたいと心の底から思っているのだ。

だから、現実主義になろう。勇気を持とう。自分の本性に忠実になり、他者を信頼しよう。白日のもとで良いことをし、自らの寛大さを恥じないようにしよう。最初のうちあなたは、騙されやすい非常識な人、と見なされるかもしれない。だが、覚えておこう。今日の非常識は明日の常識になり得るのだ。

さあ、新しい現実主義を始めよう。今こそ、人間について新しい見方をする時だ。

謝辞

二〇一三年一月、オランダの哲学者ロブ・ワインベルグから、一緒にコーヒーを飲まないかと誘われた。新たなジャーナリズムプラットフォームの立ち上げについて、きみの意見を聞きたいという。ワインベルグが思い描いていたのは、ニュースも広告も冷笑主義《シニシズム》もない出版物、解決策を提供する出版物だった。

数か月のうちに、後に「デ・コレスポンデント」になるものが、クラウドファンディングの世界新記録を打ち立て、わたしは新しい仕事を得た。本書は、「デ・コレスポンデント」での七年にわたる活動の成果だ。読者との無数のやり取りの産物でもある。彼らはわたしのアイデアを磨き、改良し、時に覆した。また本書は、わたしが「内発的動機づけ」と呼ばれる魔法のようなものに突き動かされるまま、自らの興味を追究した結果でもある。

「デ・コレスポンデント」の同僚全員に感謝する。ワインベルグにはもちろん感謝している。彼は誰よりもわたしを奮い立たせてくれた。イェッセ・フレデリックは、自分のアイデアに対してもっと批判的になることを教えてくれた。ミルウ・クレイン・ランクホーストは、またもやヨーロッパで最高の発行人であることを示した。アンドリアス・ヨンカースにも感謝する。彼の副発行人としての貢献は、本書にとって計り知れないほど貴重だった。

ハーミンケ・メデンドープがオリジナルのオランダ語版の編集に同意してくれたことは、わたしにとって幸運だった。ハーミンケはその分野で最高の技量の持ち主であり、こちらが本当に言いたいことを、いくつかの鋭い質問によってわからせてくれた。また、オランダ語版の原稿を読んでくれた全ての同僚に感謝する。トーマス・ファンヘステ、マウリッツ・マータイン、ローザン・スミッツ、マルニクス・デ・ブライネ、サンネ・ブラウ、ミヒール・デ・ホーフ、ヨハネス・フィッセル、タマー・ステリング、イェルマー・モメルス、アリエン・ファン・フェイレン、マイテ・フェルミューレン、リフィ・ボル、シャルロッテ・レマルク、アンナ・ボッサーズだ。彼らのような人々と一緒に仕事をする時、冷笑的《シニカル》になるのは難しい。

マティアス・ファン・クラフェレン、セム・デ・マーグ、ハウプ・テル・ホルスト、カレイン・キンフマにも感謝する。彼らは本書のオリジナルの一部を読み、価値ある助言をしてくれた。カレインはヨーロッパで最も才能のある芸術家であり、彼女が本書に基づいて創作した作品は、わたしが書いたページがリサイクルされた後も、ずっとギャラリーを飾り続けることだろう。

本書の英訳については、エリザベス・マントンとエリカ・ムーアに大いに感謝する。翻訳は難しく、また、過小評価されがちな技能だが、二人は誰よりもその技能を極めている。また、編集を担当したリトル・ブラウン社のベン・ジョージとブルームズベリー社のアレクシス・キルシュバウムに感謝する。彼らのおかげで本書はさらに良いものになった。わたしの著作権エージェントであるレベッカ・カーターとエマ・パリーには本書の構想を最初から信じてくれたことに対し、コピーエディターのリチャード・コリンズにはその優れた仕事に対し、感謝の意を表する。

最後に、わたしの家族、姉妹と義理の兄弟、友人たちにとても感謝している。ユリエンは、すばらしい友人でいてくれた。マルティエには、全てに（英語版のタイトルも含めて）感謝する。そしてわたしの両親、ペタとケイス・ブレグマンに感謝し、本書を捧げる。

訳者あとがき

二〇二〇年にオランダとアメリカで刊行された本書は、発売直後から「人間の本質に迫る大作」、「あらゆる格差と統合しうる一冊」、「希望の書」として話題となった。本国オランダでは忽ち二五万部を突破するベストセラーへ。世界四六カ国での翻訳が決まっている。

欧州発の新たな知性として世界に迎えられた著者、ルトガー・ブレグマンは、オランダ出身の歴史家でジャーナリストでノンフィクション作家だ。二〇一四年に弱冠二六歳で出版した「Utopia for Realist」はオランダでベストセラーになり、世界二〇カ国で翻訳出版された。邦訳の『隷属なき道：ＡＩとの競争に勝つ　ベーシックインカムと一日三時間労働』（文藝春秋二〇一七年）は、二〇一八年ビジネス書大賞・準大賞を受賞している。

ブレグマンは最新作となる本作で一挙に世界的な論客の仲間入りを果たし、『サピエンス全史』の著者であるユヴァル・ノア・ハラリ氏と刺激的な対談を行っている。ハラリ氏は本書を推薦し、以下の賛辞を寄せている。"Humankind challenged me and made me see humanity from a fresh perspective."（Humankind は非常に刺激的だ。人間性を新たな観点から見させてくれる）。

原著タイトルは、アメリカ版は Humankind:A Hopeful Histry（人類：希望に満ちた歴史)。オランダ版はDe meeste mensen deugen: een nieuwe geschiedenis van de mens(ほとんどの人は善良である:新しい人類の歴史)。「人類の歴史」との言葉通り、本作は壮大なテーマに挑んでいる。人類の性質は、悪なのか、善なのか。この永年の普遍的問いについて、ブレグマンはまずは独自取材によって、心理学の定説を覆す。そして、人類史、思想史、資本主義に至るまで、幅広い領域を網羅・統合する考察を行なった上で、「人類の本質は善である」との結論を下す。しかし、本書はそれで終わるわけではない。どうすればこの新たな人間観に基づく世界を築くことができるか、ブレグマンは具体的な事例をいくつも挙げて語っていく。その視野は広く、刑務所、警察、社会保障制度、学校教育、在宅ケア組織等々を緻密に調査している。

そもそも、なぜ、ブレグマンは、人間の本質の探求を思い立ったのか。前作『隷属なき道』でブレグマンは、ベーシックインカムで格差社会を救うというアイデアを提示した。しかし、刊行当時、ブックツアーで彼がそれについて語ると必ず、「お金をばらまいても、人はろくな使い方をしない。なぜなら人間は本来、怠け者で、自分勝手で、不道徳な生き物だからだ。どうせ、酒や麻薬に使ってしまう」と反論された。

そうした反論に応えようとするうちに、ブレグマンは、冷笑的な人間観が社会に染み込んでいること、それどころか自分自身、人間に対する暗い見方に囚われていることに気づく。

ブレグマンはこう問いかける。「長い間、わたしの関心を引いてきた問いは、なぜ誰もが人間に対してそのように暗い見方をするのか、というものだ。……何が原因で、わたしたちは、人間は本来邪悪だと考えるようになったのだろうか」

この疑問を追求することで生まれたのが本書、「Humankind: A Hopeful History」である。「人間の本質は善か悪か」という問いに、ブレグマンはさまざまな方向から取り組む。冒頭では、無人島に漂着した少年たちの物語が語られる。ブレグマンは、世界が忘れていたこの遭難事故の記録を独自に発掘し、当事者に直接会って話を聞き、当時の様子をありありと再現する。小説『蝿の王』では、無人島に漂着した少年たちは憎み合い、殺し合ったが、そのリアリティ版は小説とは大違いだった。少年たちは、思いやりと協力によって、一年以上、無人島で生き延びたのだ。

続いて著者は、長年にわたって冷笑的な人間観の裏づけになってきた心理学実験や報道が実は嘘だったことを次々に暴いていく。

「スタンフォード監獄実験」、「ミルグラムの電気ショック実験」、「キティ・ジェノヴィーズ事件（傍観者効果）」。これらについては、心理学に関する書籍で何度も語られてきた。おそらく皆さんも何かでお読みになったことだろう。それほど社会に浸透している実験や報道が、「嘘」だなんてことがあるのだろうか。しかし、ブレグマンが挙げる証拠は堅牢だ。

例えば、人間の凶暴性を引き出したと言われる「スタンフォード監獄実験」は、実験者による捏造だったことが明かされる。看守役はシナリオに沿って行動し、一方、ヒステリーを起こしたことで有名になった囚人役は、「試験勉強したかったから、解放されるためにヒステリーを演じた」と告白している。しかし、監獄実験によって一躍スター心理学者になったフィリップ・ジンバルドは、アメリカ心理学会の会長にまで登りつめ、二〇〇八年に至ってもなお、ＴＥＤトークで当時の映像を用いながら「普通の人がどうやって怪物や英雄に変貌するか」をとくとくと語っている。

「キティ・ジェノヴィーズ事件」は、ニューヨークの「遵法精神に富む立派な市民三八人は、殺人犯が女性を襲うのを、三〇分以上にわたって傍観していた」と報じられ、世界の注目を集めたが、「報道された話に真実はほとんど残っていなかった」。ニューヨーク・タイムズ紙の記者は、なぜ真実を伝えなかったのかと問われて、「そんなことをしたら、話が台無しになる」と言った。

ミルグラムの電気ショック実験については、なぜ被験者は相手を感電死させかねないボタンを押したのかという謎を、ナチス戦犯アイヒマンについてのハンナ・アーレントの洞察に即して、見事に読み解いていく。

また、人間の愚かさの象徴と見なされてきたイースター島の崩壊について、「歴史学から地質学、人類学から考古学まで、あらゆる分野に協力を求め」て、真実を解き明かしていく件《くだり》は、痛快でさえある。

しかし、人間の本性についての暗い見方を、心理学研究、メディア、ポピュラーサイエンスが拡散したのは近年の話だ。暗い人間観は、マキャヴェッリからホッブズ、フロイトからドーキンスまで西洋思想に浸透しており、キリスト教自体、人間は罪深い存在だと説いている。ここで著者は、さらに視野を広げ、新たな疑問を提示する。「歴史の流れの中で、なぜ悪は、わたしたちを欺《あざむ》くことにこれほど熟達したのだろうか。どのようにして、わたしたちを互いに宣戦布告させるに至ったのだろうか」。そして、歴史と進化論と進化心理学の観点からこの謎を探究していく。

化石が語るのは、わたしたち人間は、ネアンデルタール人ほど強くなく、勇敢でなく、おそらくは賢くもなかったということだ。だとすれば、なぜわたしたちだけが生き残ったのか。ユヴァル・ノア・ハラリは、「サピエンスがネアンデルタール人に出会った後に起きたことは、史上初の、最も凄まじい民族浄化作戦だった可能性が高い」と推測する。ジャレド・ダイアモンドも同じ考えだ。ブレグマンは、そうした見方に異を唱える。人間は他者との一体感と心のつながりを何より欲する。だから、人類の中で唯一、最終氷期を生き延び、やがては月に降り立つまでになったのだ、と。その根拠の一つとして挙げる、社交的な模倣族と孤独を好む天才族における文化の伝播の違いには、なるほどと頷かされる。

けれども、人間は友好的な一方で、監獄やガス室を作る唯一の種にもなった。なぜなのか。この問いに対してブレグマンは、人間を最も親切な種にしているメカニズムと、地球上で最も残酷な種にしているメカニズムの根っこは一つだ、と語る。それは「共感する能力」だ。「共感はわたしたちの寛大さを損なう。（中略）少数を注視すると、その他大勢は視野に入らなくなる。（中略）悲しい現実は、共感と外国人恐怖症が密接につながっていることだ。その二つはコインの表と裏なのである」

また、ブレグマンは、現代人の苦境を、「多元的無知」という言葉で説明する。多元的無知とは、「誰も信じていないが、誰もが『誰もが信じている』と信じている状態」、つまり、裸の王様を褒めたたえた人々の状態だ。ブレグマンは、「人間の本性についてのネガティブな見方は、多元的無知の一形態ではないのだろうか。ほとんどの人は利己的で強欲だという考えは、他の人はそう考えているはずだという仮定から生まれたのではないか」と問いかける。そうだとすれば、「最悪な人間ではなく、最良の人間を想定する」ことも可能だと彼は明るい方向に目を向ける。

それは夢物語ではない、とブレグマンは数々の実例を挙げる。マネージャーのいない在宅ケア組織、ルールや安全規則のない廃品置場のような公園、宿題も成績表もない学校、税金の用途を住民が決める地方自治体。中でも一番驚かされるのは、ノルウェーのリゾートのような刑務所だ。その刑務所長は、「汚物のように扱えば、人は汚物になる。人間として扱えば、人間らしく振る舞うのです」と言う。「受刑者に対して甘すぎるのでは？」という批判はもちろんあるが、出所後の再犯率の低さが、そこが世界最高の矯正施設であることを語る。

それに対して、人間を人間として扱わないアメリカの刑務所システムがもたらす再犯率は、世界最高レベルだ。また、警察の「割れ窓戦略」のせいで、無実の黒人男性が警官に殺される事件が相次いでいる。こうした状況の元を辿れば、「スタンフォード監獄実験」のフィリップ・ジンバルドを含むたった三人の学者の歪んだ考えに行き着くことを本書は明かす。それを知ると慄然《りつぜん》とするが、そうだとすれば、逆にほんの数人でも正しいことを訴える人がいれば、社会は大きく変わるのではないか、と思えてくる。

人間の善性を裏付けるさらなる証拠として、ブレグマンは最後に、アパルトヘイト撤廃に貢献した双子の兄弟、戦場でのクリスマス、ゲリラを家族のもとに戻らせた広告戦略について語る。この広告戦略では、ゲリラが拠点とするジャングルの川に、キラキラ光る透明なボールが無数に流された。その中には「戻っておいで」という家族からの手紙が入っていた。その結果、一八〇名のゲリラが武器を捨てた。

ブレグマンは、「地球温暖化から、互いへの不信感の高まりまで、現代が抱える難問に立ち向かおうとするのであれば、人間の本性についての考え方を見直すところから始めるべきだろう。」と言う。もし今なら、彼はその難問に新型コロナウイルスのパンデミックを加えたことだろう。パンデミックに直面したわたしたちは、ブレグマンが「災害は人々の善良さを引き出す」と述べた通りの、人間の善性の表出を目の当たりにしている。病院では医療関係者が命がけで患者の治療にあたっている。科学者たちはライバル意識を捨て、コロナウイルスに関する研究や情報を積極的に共有するようになった。

ブレグマンは、「わたしたちが、大半の人は親切で寛大だと考えるようになれば、全てが変わるはずだ。」と語る。そう考えるか考えないかは、わたしたち一人一人に委ねられている。

文藝春秋の衣川理花氏には、意義深い本書をご紹介いただき、刊行にいたるまできめ細やかなご配慮とご指導をいただいた。この場をお借りして、心より感謝を申し上げる。

15 Jarl van der Ploeg, ' "Ze zullen altijd die enorm verliefde bom geluk blijven" ', *De Volkskrant* (21 July 2014).

16 'In memoriam: LvdG (1984–2014)', *Propria Cures* (19 July 2014).

17 例えば以下を参照。Chang Sup Park, 'Applying "Negativity Bias" to Twitter: Negative News on Twitter, Emotions, and Political Learning', *Journal of Information Technology & Politics*, Vol. 12, Issue 4 (2015).

18 Chris Weller, 'Silicon Valley Parents Are Raising Their Kids Tech-Free-And It Should Be a Red Flag', *Business Insider* (18 February 2018).

19 Rebecca Solnit, *Hope in the Dark. Untold Histories, Wild Possibilities* (Chicago, 2016), p. 23.

20 Fabian Wichmann, '4 Ways To Turn The Neo-Nazi Agenda On Its Head', *Huffington Post* (25 August 2017).

21 Matthew 6:2–6

22 150年前に、フランスの教授Alexis de Tocquevilleはこの件について次のように述べている。「アメリカ人は……自分の行動のほぼすべてを利己主義の原則に基づいて説明しようとする」。Tocquevilleはアメリカを旅行中に、数多くの親切な人々に出会い、アメリカ人は自分で自分を傷つけていると考えた。「しかし、アメリカ人は自分がこの種の感情に動かされていることを認める用意ができていない」。以下を参照。Dale T. Miller, 'The Norm of Self-Interest', *American Psychologist*, Vol. 54, Issue 12 (1999).

23 同上。p. 1057.

24 Matthew 6:14–16

25 James H. Fowler and Nicholas A. Christakis, 'Cooperative Behavior Cascades in Human Social Networks', *PNAS*, Vol. 107, Issue 12 (2010).

26 以下で言及されている。University of California, San Diego, 'Acts of Kindness Spread Surprisingly Easily: Just a Few People Can Make a Difference ', *ScienceDaily* (10 March 2010).

27 Jonathan Haidt, 'Elevation and the Positive Psychology of Morality', in C. L. M. Keyes and J. Haidt (eds), *Flourishing: Positive Psychology and the Life Well-Lived*, American Psychological Association (2003), pp. 275–89.

28 以下で言及されている。Jonathan Haidt, 'Wired to Be Inspired', in Dacher Keltner, Jason Marsh and Jeremy Adam Smith (eds), *The Compassionate Instinct. The Science of Human Goodness* (New York, 2010), p. 90.

30 同上。p. 143.
31 Erin E. Buckels, Paul D. Trapnell and Delroy L. Paulhus, 'Trolls Just Want to Have Fun', *Personality and Individual Difference*, Vol. 67 (September 2014).
32 Jose Miguel Sokoloff, 'How Christmas Lights Helped Guerillas Put Down Their Guns', TED (October 2014). 452

エピローグ

1 Detlef Fetchenhauer and David Dunning, 'Why So Cynical? Asymmetric Feedback Underlies Misguided Skepticism Regarding the Trustworthiness of Others', *Psychological Science*, Vol. 21, Issue 2 (8 January 2010).
2 他者の美徳を認めると、相手の態度が変わることを示す優れた研究がいくつもある。心理学者はこれを「美徳ラベリング」と呼ぶ。例えば、一九七五年、アメリカの心理学者Richard Millerは小学生を対象とした研究を行い、ランダムに選んだグループに、「きみたちは 'tidy'（清潔できちんとしている）だ」と言った。二番目のグループに対しては、tidyになるよう指導し、三番目のグループには何もしなかった。結果は？第一グループは群を抜いてtidyだった。以下を参照。Christian B. Miller, 'Should You Tell Everyone They're Honest?', *Nautilus* (28 June 2018).
3 Maria Konnikova, *The Confidence Game. The Psychology of the Con and Why We Fall for It Every Time* (Edinburgh, 2017).
4 Bloom, *Against Empathy*, p. 167.
5 以下で言及されている。Dylan Matthews, 'Zero-sum Trump. What You Learn from Reading 12 of Donald Trump's Books', *Vox.com* (19 January 2017).
6 Marina Cantacuzino, *The Forgiveness Project. Stories for a Vengeful Age* (London, 2016).
7 Lewis B. Smedes, *Forgive and Forget. Healing the Hurts We Don't Deserve* (San Francisco, 1984).
8 Donald W. Pfaff , *The Neuroscience of Fair Play. Why We (Usually) Follow the Golden Rule*, Dana Press (2007).
9 George Bernard Shaw, *Maxims for Revolutionists* (1903).
10 Matthieu Ricard, *Altruism. The Power of Compassion to Change Yourself and the World* (New York, 2015), pp. 58–63.
11 同上。p. 62.
12 Daniel Goleman and Richard Davidson, *The Science of Meditation. How to Change Your Brain, Mind and Body* (London, 2018). 以下も参照のこと。Miguel Farias and Catherine Wikholm, *The Buddha Pill. Can Meditation Change You?* (London, 2015).
13 Paul Bloom, 'Empathy for Trump voters? No, thanks. Understanding? Yes', *Vox.com* (23 February 2017).
14 Bloom, *Against Empathy*, pp. 213–41.

November 2003).

8 Brown and Seaton, *Christmas Truce*, p. 111.

9 同上。p. 115.

10 以下で言及されている。Simon Kuper, 'Soccer in the Trenches: Remembering the WWI Christmas Truce ', *espn.com* (25 December 2015).

11 現代の歴史家はこう指摘する。一九一四年にドイツが戦争犯罪を犯したのは事実だが、イギリスのプロパガンダにおいて、それは大幅に誇張された。そのようなフェイクニュースの破壊的影響が明らかになるのは二五年後のことだ。第二次世界大戦中、ドイツによる大規模でおぞましい残虐行為が報告され始めたが、イギリスとアメリカの大多数の人はその信憑性を疑った。第一次世界大戦中に新聞がいかに事実を誇張したかを考えると、ガス室の話も疑ってかかるべきだと思ったからだ。以下を参照。Jo Fox, 'Atrocity propaganda', *British Library* (29 January 2014).

12 Brown and Seaton, *Christmas Truce*, p. 126.

13 Thomas Vinciguerra, 'The Truce of Christmas, 1914', *New York Times* (25 December 2005).

14 以下で言及されている。TED Stories, 'Columbia: Advertising Creates Peace ', YouTube (24 January 2018).

15 同上。

16 Tom Vanden Brook, 'Propaganda That Works: Christmas Decorations', *USA Today* (13 August 2013).

17 Lara Logan, 'How Unconventional Thinking Transformed a War- Torn Colombia', CBS News, *60 Minutes* (11 December 2016).

18 以下で言及されている。TED Stories, 'Columbia: Advertising Creates Peace '.

19 2017年11月9日の著者とJose Miguel Sokoloffとの対談より。

20 「クリスマス作戦」の費用は総額30万1100ドル。「光の川」は26万3000ドル、「母親の声」は54万6000ドルだった。

21 FARCも同じ考えだった。というのも和平会談で彼らは、マレンロウのプロパガンダの中止を要求したからだ。そのプロパガンダのせいでFARCはあまりにも多くのメンバーを失っていた。

22 Sibylla Brodzinsky, ' "Welcome to Peace": Colombia's Farc Rebels Seal Historic Disarmament', *Guardian* (27 June 2017).

23 以下で言及されている。Vinciguerra, 'The Truce of Christmas, 1914'.

24 Brown and Seaton, *Christmas Truce*, p. 198.

25 同上。p. 248.

26 同上。p. 238.

27 Stanley Weintraub, *Silent Night* (London, 2001), p. 172.

28 Tony Ashworth, *Trench Warfare 1914–1918. The Live and Let Live System* (London, 2000), p. 224. Originally published in 1980.

29 同上。p. 24.

のこと。Rose Meleady, Charles Seger and Marieke Vermue, 'Examining the Role of Positive and Negative Intergroup Contact and Anti-Immigrant Prejudice in Brexit', *British Journal of Social Psychology*, Vol. 56, Issue 4 (2017).

34 Michael Savelkoul et al., 'Anti-Muslim Attitudes in The Netherlands: Tests of Contradictory Hypotheses Derived from Ethnic Competition Theory and Intergroup Contact Theory', *European Sociological Review*, Vol. 27, Issue 6 (2011).

35 Jared Nai et al., 'People in More Racially Diverse Neighborhoods Are More Prosocial', *Journal of Personality and Social Psychology*, Vol. 114, Issue 4 (2018), pp. 497–515.

36 Miles Hewstone, 'Consequences of Diversity for Social Cohesion and Prejudice: The Missing Dimension of Intergroup Contact', *Journal of Social Issues*, Vol. 71, Issue 2 (2015).

37 Matthew Goodwin and Caitlin Milazzo, 'Taking Back Control? Investigating the Role of Immigration in the 2016 Vote for Brexit', *British Journal of Politics and International Relations*, Vol. 19, Issue 3 (2017).

38 以下で言及されている。Diane Hoekstra, 'De felle tegenstanders van toen gaan het azc in Overvecht missen', *Algemeen Dagblad* (29 September 2018). 以下も参照のこと。Marjon Bolwijn, 'In Beverwaard was woede om azc het grootst, maar daar is niets meer van te zien: "We hebben elkaar gek gemaakt" ', *De Volkskrant* (1 February 2018).

39 Mark Twain, *The Innocents Abroad, or, The New Pilgrims' Progress* (San Francisco 1869).

40 Rupert Brown, James Vivian and Miles Hewstone, 'Changing Attitudes through Intergroup Contact: the Effects of Group Membership Salience', *European Journal of Social Psychology*, Vol. 29, Issue 5–6 (21 June 1999).

41 Gordon W. Allport, 'Prejudice in Modern Perspective', The Twelfth Hoernle Memorial Lecture (17 July 1956).

第18章　兵士が塹壕から出る時

1 この言い回しは、歴史家George F. Kennanによる造語で、以下の序文に見られる。*The Decline of Bismarck's European Order: Franco-Russian Relations 1875–1890* (Princeton, 1979).

2 Malcolm Brown and Shirley Seaton, *Christmas Truce. The Western Front December 1914* (London, 2014), p. 68. Originally published in 1984.

3 同上。p. 71.

4 同上。p. 73.

5 同上。pp. 76–7

6 Malcolm Brown, *Peace in No Man's Land* (BBC documentary from 1981).

7 Luke Harding, 'A Cry of: Waiter! And the Fighting Stopped', *Guardian* (11

15 同上。p. 135.

16 Cruywagen, *Brothers in War and Peace*, p. 143.

17 上記に引用 p. 158.

18 以下で言及されている。Simon Kuper, 'What Mandela Taught Us', *Financial Times* (5 December 2013).

19 以下で言及されている。Cruywagen, *Brothers in War and Peace*, p. 162.

20 以下で言及されている。Carlin, *Playing the Enemy*, p. 252.

21 この時、ペティグルーは、「あなたはわたしに最高の敬意を表してくれましたね！」と言った。以下で言及されている。Frances Cherry, 'Thomas F. Pettigrew: Building on the Scholar-Activist Tradition in Social Psychology', in Ulrich Wagner et al. (eds), *Improving Intergroup Relations: Building on the Legacy of Thomas F. Pettigrew* (Oxford, 2008), p. 16.

22 Thomas F. Pettigrew, 'Contact in South Africa', *Dialogue*, Vol. 21, Issue 2 (2006), pp. 8–9.

23 Thomas F. Pettigrew and Linda R. Tropp, 'A Meta-Analytic Test of Intergroup Contact Theory', *Journal of Personality and Social Psychology*, Vol. 90, Issue 5 (2006).

24 Sylvie Graf, Stefania Paolini and Mark Rubin, 'Negative intergroup contact is more influential, but positive intergroup contact is more common: Assessing contact prominence and contact prevalence in five Central European countries', *European Journal of Social Psychology*, Vol. 44, Issue 6 (2014).

25 Erica Chenoweth, 'The Origins of the NAVCO Data Project (or: How I Learned to Stop Worrying and Take Nonviolent Conflict Seriously)', *Rational Insurgent* (7 May 2014).

26 Erica Chenoweth and Maria J. Stephan, 'How The World is Proving Martin Luther King Right About Nonviolence', *Washington Post* (19 January 2016). 以下も参照のこと。Maria J. Stephan and Erica Chenoweth, 'Why Civil Resistance Works. The Strategic Logic of Nonviolent Conflict', *International Security*, Vol. 33, Issue 1 (2008), pp. 7–44.

27 以下で言及されている。Penny Getchell et al., *At Home in the World. The Peace Corps Story* (Peace Corps, 1996), p. vi.

28 Carlin, *Playing the Enemy*, p. 84.

29 同上。p. 252.

30 同上。

31 以下で言及されている。Thomas F. Pettigrew, 'Social Psychological Perspectives on Trump Supporters', *Journal of Social and Political Psychology*, Vol. 5, Issue 1 (2017).

32 同上。

33 Chris Lawton and Robert Ackrill, 'Hard Evidence: How Areas with Low Immigration Voted Mainly for Brexit', *The Conversation* (8 July 2016). 以下も参照

Harsher Prison Conditions Reduce Recidivism? A Discontinuity-based Approach', *American Law and Economics Review*, Vol. 9, Issue 1 (2007).

56 'Louis Theroux Goes to the Miami Mega-Jail', *BBC News* (20 May 2011).

57 以下で言及されている。Berger, 'Kriminalomsorgen: A Look at the World's Most Humane Prison System in Norway', p. 23.

58 以下で言及されている。Slater, 'North Dakota's Norway Experiment'.

59 Cheryl Corley, 'North Dakota Prison Officials. Think Outside The Box To Revamp Solitary Confinement', *NPR* (31 July 2018).

60 同上。

61 以下で言及されている。Slater, 'North Dakota's Norway Experiment'.

第17章　憎しみ、不正、偏見を防ぐ最善策

1 以下で言及されている。John Battersby, 'Mandela to Factions: Throw Guns Into Sea', *Christian Science Monitor* (26 February 1990).

2 ConstandとAbrahamに関する話の主な出典は以下。Dennis Cruywagen's wonderful book *Brothers in War and Peace. Constand and Abraham Viljoen and the Birth of the New South Africa* (Cape Town/Johannesburg, 2014).

3 同上。p. 57.

4 同上。p. 62.

5 Maritza Montero and Christopher C. Sonn (eds), *Psychology of Liberation. Theory and Applications* (Berlin, Heidelberg, 2009), p. 100.

6 Aldous Huxley, *The Perennial Philosophy* (New York, 1945), p. 81.

7 Alfred McClung Lee and Norman Daymond Humphrey, *Race Riot, Detroit 1943* (Hemel Hempstead, 1968), p. 130.

8 Gordon Allport, *The Nature of Prejudice* (Reading, 1979), p. 277. 初版は一九五四年。研究者らは白人アメリカ兵に以下の質問をした。「陸軍師団には黒人と白人の小隊から成るものもある。あなたの小隊がそのように構成されていたら、どう思うか？」「非常に好ましくない」と答えた兵士の割合は、黒人を含まない小隊では62パーセント、黒人を含む小隊では7パーセントだった。

9 Ira N. Brophy, 'The Luxury of Anti-Negro Prejudice ', *Public Opinion Quarterly*, Vol. 9, Issue 4 (1945).

10 Richard Evans, *Gordon Allport: The Man and His Ideas* (New York, 1971).

11 Gordon Allport, 'Autobiography', in Edwin Boring and Gardner Lindzey (eds), *History of Psychology in Autobiography* (New York, 1967), pp. 3–25.

12 John Carlin, *Playing the Enemy. Nelson Mandela and the Game that Made a Nation* (London, 2009), p. 122.

13 上記に引用。p. 123.

14 同上。p. 124

Construction of "Broken Windows" ', *Social Psychology Quarterly*, Vol. 67, Issue 4 (2004). 悲しいことに、ウィルソンとケリングは、一九八二年の*The Atlantic* に掲載された論文で、それを予見している。「肌の色や出身国が……好ましい人と好ましくない人を分ける基準にならないようにするには、どうすればいいだろう。つまり、地域に対する偏見に基づく警察の捜査をやめさせるには、どうすればいいだろう。この重要な問いに対して、わたしたちは満足のいく答えを出すことができない」

39 以下を参照。Braga, Welsh, and Schnell, 'Can Policing Disorder Reduce Crime? A Systematic Review and Meta-Analysis'.

40 以下で言及されている。Sarah Childress, 'The Problem with "Broken Windows" Policing', *Frontline* (28 June 2016).

41 Vlad Tarko, *Elinor Ostrom. An Intellectual Biography* (Lanham, 2017), pp. 32–40.

42 Arthur Jones and Robin Wiseman, 'Community Policing in Europe. An Overview of Practices in Six Leading Countries', Los Angeles Community Policing (*lacp.org*).

43 Sara Miller Llana, 'Why Police Don't Pull Guns in Many Countries', *Christian Science Monitor* (28 June 2015).

44 以下で言及されている。Childress, 'The Problem with "Broken Windows" Policing'.

45 Beatrice de Graaf, *Theater van de angst. De strijd tegen terrorisme in Nederland, Duitsland, Italië en Amerika* (Amsterdam, 2010).

46 以下で言及されている。Quirine Eijkman, 'Interview met Beatrice de Graaf over haar boek', *Leiden University* (25 January 2010).

47 以下で言及されている。Joyce Roodnat, '"Het moest wel leuk blijven"', *NRC Handelsblad* (6 April 2006).

48 以下で言及されている。Jon Henley, 'How Do You Deradicalise Returning Isis Fighters?', *Guardian* (12 November 2014).

49 以下で言及されている。Hanna Rosin, 'How A Danish Town Helped Young Muslims Turn Away From ISIS', *NPR Invisibilia* (15 July 2016).

50 以下で言及されている。Richard Orange, ' "Answer hatred with love": how Norway tried to cope with the horror of Anders Breivik', *Guardian* (15 April 2012).

51 Prison Policy Initiative, 'North Dakota Profile (*prisonpolicy.org*, visited 17 December 2018).

52 以下で言及されている。Dylan Matthews and Byrd Pinkerton, 'How to Make Prisons More Humane', *Vox* (podcast, 17 October 2018).

53 Dashka Slater, 'North Dakota's Norway Experiment', *Mother Jones* (July/August 2017).

54 National Research Council, *The Growth of Incarceration in the United States. Exploring Causes and Consequences* (Washington DC, 2014), p. 33.

55 Francis T. Cullen, Cheryl Lero Jonson and Daniel S. Nagin, 'Prisons Do Not Reduce Recidivism. The High Cost of Ignoring Science ', *The Prison Journal*, Vol. 91, Issue 3 (2011). 以下も参照のこと。M. Keith Chen and Jesse M. Shapiro, 'Do

18 'James Q. Wilson Obituary', *The Economist* (10 March 2012).

19 James Q. Wilson, *Thinking About Crime* (New York, 1975), pp. 172–3.

20 以下で言及されている。Timothy Crimmins, 'Incarceration as Incapacitation: An Intellectual History', *American Affairs*, Vol. II, Issue 3 (2018).

21 George L. Kelling and James Q. Wilson, 'Broken Windows', *The Atlantic* (March 1982).

22 Gladwell, *The Tipping Point*, p. 141.

23 同上。p. 142.

24 同上。p. 143.

25 Holman W. Jenkins, Jr, 'The Man Who Defined Deviancy Up', *The Wall Street Journal* (12 March 2011).

26 James Q. Wilson, 'Lock 'Em Up and Other Thoughts on Crime ', *New York Times* (9 March 1975).

27 Gladwell, *The Tipping Point*, p. 145.

28 上記に引用。p. 146.

29 'New York Crime Rates 1960–2016', *disastercenter.com.*

30 Donna Ladd, 'Inside William Bratton's NYPD: Broken Windows Policing is Here to Stay', *Guardian* (8 June 2015).

31 以下で言及されている。Jeremy Rozansky and Josh Lerner, 'The Political Science of James Q. Wilson', *The New Atlantis* (Spring 2012).

32 以下を参照。Rutger Bregman, *Met de kennis van toen. Actuele problemen in het licht van de geschiedenis* (Amsterdam, 2012), pp. 238–45.

33 Anthony A. Braga, Brandon C. Welsh and Cory Schnell, 'Can Policing Disorder Reduce Crime? A Systematic Review and Meta- Analysis', *Journal of Research in Crime and Delinquency*, Vol. 52, Issue 4 (2015).

34 John Eterno and Eli Silverman, 'Enough Broken Windows Policing. We Need a Community-Oriented Approach', *Guardian* (29 June 2015).

35 P. J. Vogt, '#127 The Crime Machine', *Reply All* (podcast by Gimlet Media, 12 October 2018).

36 Dara Lind, 'Why You Shouldn't Take Any Crime Stats Seriously', *Vox* (24 August 2014). 以下も参照のこと。Liberty Vittert, 'Why the US Needs Better Crime Reporting Statistics', *The Conversation* (12 October 2018).

37 Michelle Chen, 'Want to See How Biased Broken Windows Policing Is? Spend a Day in Court', *The Nation* (17 May 2018).

38 秩序自体、認識の産物であることがわかっている。2004年、シカゴ大学の研究者らが被験者に、白人地区と黒人地区で「割れ窓」をいくつ見たかを尋ねた。被験者は一様に、黒人地区の方がより無秩序だと評価した。ゴミ、落書き、たむろする不良の数が同等だった場合も、評価は同じだった。以下を参照。Robert J. Sampson and Stephen W. Raudenbush, 'Seeing Disorder: Neighborhood Stigma and the Social

2008).

2 Matthew 5:46.

第16章　テロリストとお茶を飲む

1 ノルウェーの刑務所システムの概要は、以下を参照。Ryan Berger, 'Kriminalomsorgen: A Look at the World's Most Humane Prison System in Norway', *SSRN* (11 December 2016).

2 この看守の言葉は以下のドキュメンタリーに収録されている。Michael Moore 's documentary, *Where to Invade Next?* (2015).

3 以下で言及されている。Baz Dreizinger, 'Norway Proves That Treating Prison Inmates As Human Beings Actually Works', *Huffington Post* (8 March 2016).

4 'About the Norwegian Correctional Service', www. kriminalomsorgen.no (visited 17 December 2018).

5 Dreizinger, 'Norway Proves That Treating Prison Inmates As Human Beings Actually Works'.

6 Manudeep Bhuller et al., 'Incarceration, Recidivism, and Employment', Institute of Labor Economics (June 2018).

7 Berger 'Kriminalomsorgen: A Look at the World's Most Humane Prison System in Norway', p. 20.

8 Erwin James, 'Bastoy: the Norwegian Prison That Works', *Guardian* (4 September 2013).

9 Genevieve Blatt et al., *The Challenge of Crime in a Free Society*, President's Commission on Law Enforcement and Administration of Justice (1967), p. 159.

10 同上。p. 173.

11 Jessica Benko, 'The Radical Humaneness of Norway's Halden Prison', *New York Times* (29 March 2015).

12 Robert Martinson, 'What Works? Questions and Answers about Prison Reform', *The Public Interest* (Spring 1974).

13 Michelle Brown, *The Culture of Punishment: Prison, Society, and Spectacle* (New York, 2009), p. 171.

14 Robert Martinson, 'New Findings, New Views: A Note of Caution Regarding Sentencing Reform', *Hofstra Law Review*, Vol. 7, Issue 2 (1979).

15 以下で言及されている。Adam Humphreys, 'Robert Martinson and the Tragedy of the American Prison', *Ribbonfarm* (15 December 2016).

16 以下で言及されている。Jerome G. Miller, 'The Debate on Rehabilitating Criminals: Is It True that Nothing Works?' *Washington Post* (March 1989).

17 Richard Bernstein, 'A Thinker Attuned to Thinking; James Q. Wilson Has Insights, Like Those on Cutting Crime, That Tend To Prove Out', *New York Times* (22 August 1998).

December 1968).

31 John Noble Wilford, 'A Tough-minded Ecologist Comes to Defense of Malthus', *New York Times* (30 June 1987).

32 Ian Angus, 'The Myth of the Tragedy of the Commons', *Climate & Capitalism* (25 August 2008).

33 John A. Moore, 'Science as a Way of Knowing – Human Ecology', *American Zoologist*, Vol. 25, Issue 2 (1985), p. 602.

34 Tim Harford, 'Do You Believe in Sharing?' *Financial Times* (30 August 2013).

35 同上。

36 正式名称は The Sveriges Riksbank Prize in Economic Sciences in Memory of Alfred Nobel.

37 Tine de Moor, 'The Silent Revolution: A New Perspective on the Emergence of Commons, Guilds, and Other Forms of Corporate Collective Action in Western Europe', *International Review of Social History*, Vol. 53, Issue S16 (December 2008).

38 以下はこのプロセスに関する名著である。Karl Polanyi, *The Great Transformation. The Political and Economic Origins of Our Time* (Boston, 2001). Originally published in 1944.

39 Tine de Moor, 'Homo Cooperans. Institutions for collective action and the compassionate society', Utrecht University Inaugural Lecture (30 August 2013).

40 例えば以下を参照。Paul Mason, *Postcapitalism. A Guide to Our Future* (London, 2015).

41 例えば以下を参照。Shoshana Zuboff, *The Age of Surveillance Capitalism. The Fight for a Human Future at the New Frontier of Power* (London, 2019).

42 Damon Jones and Ioana Elena Marinescu, 'The Labor Market Impacts of Universal and Permanent Cash Transfers: Evidence from the Alaska Permanent Fund', *NBER Working Paper* (February 2018).

43 ノースカロライナにおけるこの実験とユニバーサル・ベーシックインカムについて、わたしは別の本にも書いた。以下を参照のこと。*Utopia for Realists*.『隷属なき道』(文藝春秋) pp.55-80。わたしは今では、公共財産の分配について論じていることを強調するために、ベーシックインカムよりも'citizen's dividend'(市民の配当)という言葉を使っている。

44 Peter Barnes, *With Liberty and Dividends For All. How To Save Our Middle Class When Jobs Don't Pay Enough* (Oakland, 2014).

45 Scott Goldsmith, 'The Alaska Permanent Fund Dividend: An Experiment in Wealth Distribution', *Basic Income European Network* (September 2002), p. 7.

Part5　もう一方の頬を

1 Michael Garofalo, 'A Victim Treats His Mugger Right', *NPR Story Corps* (28 March

(Basingstoke, 2003).

12 以下で言及されている。'Porto Alegre's Budget Of, By, and For the People', *Yes! Magazine* (31 December 2002).

13 Ginia Bellafante, 'Participatory Budgeting Opens Up Voting to the Disenfranchised and Denied', *New York Times* (17 April 2015).

14 Mona Serageldin et al., 'Assessment of Participatory Budgeting in Brazil', Harvard University Center for Urban Development Studies (2005), p. 4.

15 Gianpaolo Baiocchi, 'Participation, Activism, and Politics: The Porto Alegre Experiment and Deliberative Democratic Theory', in Archon Fung and Erik Olin Wright (eds), *Deepening Democracy. Institutional Innovations in Empowered Participatory Governance* (New York, 2001), p. 64.

16 Alana Semuels, 'The City That Gave Its Residents $3 Million', *The Atlantic* (6 November 2014).

17 Baiocchi, 'Participation, Activism, and Politics: The Porto Alegre Experiment and Deliberative Democratic Theory'.

18 Gianpaolo Baiocchi and Ernesto Ganuza, 'Participatory Budgeting as if Emancipation Mattered', *Politics & Society*, Vol. 42, Issue 1 (2014), p. 45.

19 George Monbiot, *Out of the Wreckage. A New Politics for an Age of Crisis* (London, 2017), p. 130.

20 Anne Pordes Bowers and Laura Bunt, 'Your Local Budget. Unlocking the Potential of Participatory Budgeting', *Nesta* (2010).

21 Gianpaolo Baiocchi, 'Participation, Activism, and Politics: The Porto Alegre Experiment and Deliberative Democratic Theory', *Politics & Society*, Vol. 29, Issue 1 (2001), p. 58.

22 世界銀行の研究者たちも、急速な進歩はあらゆる点で市民参加型予算の賜物だったという結論に達した。市の予算に医療と教育の予算が占める割合は、1985年の13%から1996年には40%に増えた。以下を参照のこと。Serageldin et al., 'Assessment of Participatory Budgeting in Brazil'.

23 Patrick Kingsley, 'Participatory Democracy in Porto Alegre ', *Guardian* (10 September 2012).

24 Serageldin et al., 'Assessment of Participatory Budgeting in Brazil'.

25 Michael Touchton and Brian Wampler, 'Improving Social Well- Being Through New Democratic Institutions', *Comparative Political Studies*, Vol. 47, Issue 10 (2013).

26 'Back to the Polis: Direct Democracy', *The Economist* (17 September 1994).

27 David Van Reybrouck, *Against Elections. The Case for Democracy* (London, 2016).

28 'Communism', *oxforddictionaries.com.*

29 Graeber, *Debt*, pp. 94–102.

30 Garrett Hardin, 'The Tragedy of the Commons', *Science*, Vol. 162, Issue 3859 (13

な場合、訓練を受けた教師による専門的指導は重要だ。

37 Robert Dur and Max van Lent, 'Socially Useless Jobs', *Tinbergen Institute Discussion Paper* (31 March 2018).

38 David Graeber, 'On the Phenomenon of Bullshit Jobs: A Work Rant', *Strike! Magazine* (August 2013).

39 Ivan Illich, *Deschooling Society* (New York, 1971).

40 Peter Gray, *Free to Learn. Why Unleashing the Instinct to Play Will Make Our Children Happier, More Self-Reliant, and Better Students for Life* (New York, 2013).

41 以下で言及されている。Lois Holzman, 'What's the Opposite of Play?', *Psychology Today* (5 April 2016).

42 '"Depression: Let's Talk" Says WHO, As Depression Tops List of Causes of Ill Health', *World Health Organization* (30 March 2017).

43 Peter Gray, 'Self-Directed Education – Unschooling and Democratic Schooling', *Oxford Research Encyclopedia of Education* (April 2017).

第15章　民主主義は、こんなふうに見える

1 ベネズエラの地方自治体は米国の郡に少し似ている。しかしベネズエラのそれらは地方議会が運営し、首長は選挙で選ばれる。

2 Gabriel Hetland, 'Emergent Socialist Hegemony in Bolivarian Venezuela: The Role of the Party', in Susan J. Spronk and Jeffery R. Webber, *Crisis and Contradiction: Marxist Perspectives on Latin America in the Global Political Economy* (Leiden, 2015), p. 131.

3 Gabriel Hetland, 'How to Change the World: Institutions and Movements Both Matter', *Berkeley Journal of Sociology* (3 November 2014).

4 詳細は以下を参照のこと。Gabriel Hetland, 'Grassroots Democracy in Venezuela', *The Nation* (11 January 2012).

5 上記に引用。

6 Dmytro Khutkyy, 'Participatory budgeting: An empowering democratic institution', *Eurozine* (31 October 2017).

7 *Brazil: Toward a More Inclusive and Effective Participatory Budget in Porto Alegre* (World Bank, 2008), p. 2.

8 以下で言及されている。Martin Calisto Friant, 'Sustainability From Below: Participatory Budgeting in Porto Alegre ', First Ecuadorian Congress of Urban Studies (November 2017), p. 13.

9 Paolo Spada, 'The Economic and Political Effects of Participatory Budgeting', Congress of the Latin American Studies Association (2009).

10 Esteban Ortiz-Ospina and Max Roser, 'Trust', *OurWorldInData.org* (2018).

11 この主張への批判については、以下を参照。Omar Encarnación, *The Myth of Civil Society. Social Capital and Democratic Consolidation in Spain and Brazil*

17 同上。p. 194.

18 以下で言及されている。J. Mulhern, *A History of Education, a Social Interpretation* (New York, 1959), p. 383.

19 James C. Scott, *Two Cheers for Anarchism. Six Easy Pieces on Autonomy, Dignity and Meaningful Work and Play* (Princeton, 2012), pp. 54–5.

20 このプロセスに関する独創的な著作は以下である。Eugen Weber, *Peasants into Frenchmen: The Modernization of Rural France, 1870–1914* (Stanford, 1976).

21 Howard P. Chudacoff , *Children at Play. An American History* (New York, 2008).

22 Peter Gray, 'The Decline of Play and the Rise of Psychopathology in Children and Adolescents' (2011).

23 以下で言及されている。Robert Dighton, 'The Context and Background of the First Adventure Playground', *adventureplay.org.uk*

24 以下で言及されている。Colin Ward, *Anarchy in Action* (London, 1996), p. 89.

25 以下で言及されている。Arvid Bengtsson, *Adventure Playgrounds*, Crosby Lockwood (1972), pp. 20–21.

26 以下で言及されている。Penny Wilson, 'children are more complicated than kettles. the life and work of Lady Allen of Hurtwood', *theinternationale.com* (2013).

27 同上。

28 同上。

29 Mariana Brussoni et al., 'What is the Relationship between Risky Outdoor Play and Health in Children? A Systematic Review', *International Journal of Environmental Research and Public Health*, Vol. 12, Issue 6 (8 June 2015).

30 以下で言及されている。Rebecca Mead, 'State of Play', *The New Yorker* (5 July 2010).

31 Erving Goffman, 'On the Characteristics of Total Institutions' (1957).

32 Robin Bonifas, *Bullying Among Older Adults. How to Recognize and Address an Unseen Epidemic* (Baltimore, 2016).

33 Matt Sedensky, 'A surprising bullying battleground: Senior centers', Associated Press (13 May 2018).

34 Randall Collins, *Violence. A Micro-sociological Theory* (Princeton, 2008), p. 166.

35 『ハリー・ポッター』のホグワーツ魔法魔術学校もその一つだ。J. K. Rowlingが書いた魅惑的なファンタジーの世界では、それは魔法の場所だが、もし実在したら、多くの子どもにとって地獄のような場所だろう。子どもたちは年齢によってクラスに分けられ、個性によってグリフィンドールやスリザリンなどの寮に分けられる。教師たちは複雑なポイント制で生徒たちの競争を促す。学校から離れられるのはクリスマスと夏休みだけだ。ホグワーツ魔法魔術学校は弱い者いじめの温床になると教育者たちは言う。

36 誤解しないでいただきたいが、読み書きのような、現代社会を生きていく上で欠かせない基本的な技能はある。そして、それらを学ぶのが苦手な子どももいる。そのよう

21 以下で言及されている。The Corporate Rebels, 'FAVI. How Zobrist Broke Down Favi's Command-And-Control Structures', *corporate-rebels.com* (4 January 2017).

22 Patrick Gilbert, Nathalie Raulet Crozet and Anne-Charlotte Teglborg, 'Work Organisation and Innovation – Case Study: FAVI, France ', *European Foundation for the Improvement of Living and Working Conditions* (2013).

第14章　ホモ・ルーデンス

1 Stephen Moss, *Natural Childhood Report* (National Trust), p. 5.

2 John Bingham, 'British Children among Most Housebound in World', *Daily Telegraph* (22 March 2016).

3 S. L. Hofferth and J. F. Sandberg, 'Changes in American Children's Time, 1981–1997', in S. L. Hofferth and J. Owens (eds), *Children at the Millennium: Where Have We Come from? Where Are We Going?* (Stanford, 2001).

4 Peter Gray, 'The Decline of Play and the Rise of Psychopathology in Children and Adolescents', *American Journal of Play*, Vol. 23, Issue 4 (2011), p. 450.

5 Jantje Beton/Kantar Public (TNS NIPO), *Buitenspelen Onderzoek 2018*, jantjebeton.nl (17 April 2018)

6 Frank Huiskamp, 'Rapport: Nederlandse leerlingen zijn niet gemotiveerd', *NRC Handelsblad* (16 April 2014).

7 *Gezinsrapport. Een portret van het gezinsleven in Nederland*, Netherlands Institute for Social Research (The Hague, 2011).

8 Rebecca Rosen, 'America's Workers: Stressed Out, Overwhelmed, Totally Exhausted', *The Atlantic* (25 March 2014).

9 Jessica Lahey, 'Why Kids Care More About Achievement Than Helping Others', *The Atlantic* (26 June 2014).

10 例えば以下を参照。C. Page Moreau and Marit Gundersen Engeset, 'The Downstream Consequences of Problem-Solving Mindsets: How Playing with LEGO Influences Creativity', *Journal of Marketing Research*, Vol. 53, Issue 1 (2016).

11 Peter Gray, 'The Play Deficit', *Aeon* (18 September 2013).

12 *How to Tame a Fox (And Build a Dog)* (2017), p. 73.

13 Sarah Zielinski, 'Five Surprising Animals That Play', *ScienceNews* (20 February 2015).

14 Johan Huizinga, *Homo Ludens. Proeve eener bepaling van het spel- element der cultuur* (1938).

15 Peter Gray, 'Play as a Foundation for Hunter-Gatherer Social Existence', *American Journal of Play* (Spring 2009).

16 Jared Diamond, *The World Until Yesterday. What Can We Learn From Traditional Societies?* (London, 2013), p. 204.

4 Haico Meijerink, 'Buurtzorg: "Wij doen niet aan strategische Flauwekul",' *Management Scope* (8 October 2014).

5 Gardiner Morse, 'Why We Misread Motives', *Harvard Business Review* (January 2003).

6 上記に引用。

7 Frederick Taylor, *The Principles of Scientific Management* (New York, 1911), Chapter 2, p. 59.

8 以下で言及されている。Robert Kanigel, *The One Best Way. Frederick Winslow Taylor and the Enigma of Efficiency* (Cambridge, 2005), p. 499.

9 Edward L. Deci, 'Effects of Externally Mediated Rewards on Intrinsic Motivation', *Journal of Personality and Social Psychology*, Vol. 1, Issue 1 (1971), p. 114.

10 以下で言及されている。Karen McCally, 'Self-Determined', *Rochester Review* (July–August 2010).

11 Uri Gneezy and Aldo Rustichini, 'A Fine is a Price', *Journal of Legal Studies*, Vol. 29, Issue 1 (2000).

12 Samuel Bowles and Sandra Polanía Reyes, 'Economic Incentives and Social Preferences: A Preference-Based Lucas Critique of Public Policy', *University of Massachusetts Amherst Working Papers* (2009).

13 Amit Katwala, 'Dan Ariely: Bonuses boost activity, not quality', *Wired* (February 2010).

14 *Perceptions Matter: The Common Cause UK Values Survey*, Common Cause Foundation (2016).

15 Milton Friedman, 'The Methodology of Positive Economics', in *Essays in Positive Economics* (Chicago, 1966).

16 Sanford E. DeVoe and Jeffrey Pfeffer, 'The Stingy Hour: How Accounting for Time Affects Volunteering', *Personality and Social Psychology Bulletin*, Vol. 36, Issue 4 (2010).

17 Steve Crabtee, 'Worldwide, 13% of Employees Are Engaged at Work', *Gallup* (8 October 2013).

18 Wiljan van den Berge and Bas ter Weel, *Baanpolarisatie in Nederland. CPB Policy Brief*, Statistics Netherlands (2015), p. 14.

19 以下で言及されている。Enzo van Steenbergen and Jeroen Wester, 'Hogepriester van de kleinschalige zorg', *NRC Handelsblad* (12 March 2016). 競合他社のなかには、ビュートゾルフは重篤な患者を在宅ケアにまわしていると批判する人もいるが、それを裏づける証拠はない。逆に、KPMGのコンサルタントであるデビッド・イッカーシェイムの調査では、ケア負荷を調正した後でも、ビュートゾルフの方が優れていて安価であることが明らかになった。以下を参照のこと。David Ikkersheim, 'Buurtzorg: hoe zat het ook alweer?,' *Skipr* (9 May 2016).

20 以下で言及されている。Stevo Akkerman, 'Betere zorg zonder strategische fratsen', *Trouw* (1 March 2016).

Reasons We're Wrong About the World – and Why Things Are Better Than You Think (New York, 2018).

8 概観するには、わたしの前著*Utopia for Realists*『隷属なき道』(文藝春秋)第1章を参照。

9 例えば以下を参照。Zygmunt Bauman, *Modernity and the Holocaust* (Ithaca, 1989), and Roger Griffin, *Modernism and Fascism. The Sense of a Beginning under Mussolini and Hitler* (Basingstoke, 2007).

Part4 新たなリアリズム

1 以下で言及されている。Hanna Rosin and Alix Spiegel, 'How to Become Batman', *NPR* (23 January 2015).

2 以下で言及されている。Katherine Ellison, 'Being Honest About the Pygmalion Effect', *Discover Magazine* (December 2015).

3 同上。

4 Dov Eden, 'Self-Fulfilling Prophecy and the Pygmalion Effect in Management', *Oxford Bibliographies* (28 October 2014).

5 Lee Jussim and Kent D. Harber, 'Teacher Expectations and Self- Fulfilling Prophecies: Knowns and Unknowns, Resolved and Unresolved Controversies', *Personality and Social Psychology Review* (1 May 2005). 以下も参照のこと。Rhona S. Weinstein, 'Pygmalion at 50: harnessing its power and application in schooling', *Educational Research and Evaluation* (11 December 2018).

6 Dov Eden, Ellison, 'Being Honest About the Pygmalion Effect 'に引用されている。

7 Franklin H. Silverman, 'The "Monster" Study', *Journal of Fluency Disorders*, Vol. 13, Issue 3 (1988).

8 John C. Edwards, William McKinley and Gyewan Moon, 'The enactment of organizational decline: The self-fulfilling prophecy', *International Journal of Organizational Analysis*, Vol. 10, Issue 1 (2002).

9 Daisy Yuhas, 'Mirror Neurons Can Reflect Hatred', *Scientific American* (1 March 2013).

10 John Maynard Keynes, *The General Theory of Employment, Interest, and Money* (London, 1936), Chapter 12.

11 Dan Ariely, 'Pluralistic Ignorance', *YouTube* (17 February 2011).

12 Steven Pinker, *The Better Angels of Our Nature* (2011), pp. 561–5.

第13章 内なるモチベーションの力

1 Hedwig Wiebes, 'Jos de Blok (Buurtzorg): "Ik neem nooit zomaar een dag vrij",' *Intermediair* (21 October 2015).

2 同上。

3 同上。

27 Harari, *Sapiens*, p. 34.

28 Douglas W. Bird et al., 'Variability in the organization and size of hunter-gatherer groups: Foragers do not live in small-scale societies', *Journal of Human Evolution* (June 2019).

29 Hill et al., 'Hunter-Gatherer Inter-Band Interaction Rates. Implications for Cumulative Culture'.

30 Graeber and Wengrow, 'How to Change the Course of Human History (at Least, the Part That's Already Happened)'.

31 Machiavelli, *The Prince*, p. 149.

32 David Graeber, *The Utopia of Rules. On Technology, Stupidity and the Secret Joys of Bureaucracy* (Brooklyn and London, 2015), pp. 31–3.

33 この理由により、真面目な経済学者は、ドルはこの先何十年も主流だろうが、いわゆる「ビットコイン」はうまくいかないと、早くから予測した。ドルは世界最強の軍隊によって後押しされているが、ビットコインの後押しは信用だけだ。

34 Harari, *Sapiens*, p. 153.

35 以下で言及されている。Noam Chomsky, 'What is the Common Good?', *Truthout* (7 January 2014).

36 辱めの効果は、近年のMeToo運動でも証明された。2017年10月を皮切りに、数千人の女性が一連の男性を打倒した。その方法は、ボノボのメスが乱暴なオスをやっつけたり、移動民が偉そうにする仲間をおとなしくさせたりする方法を想起させる。公然と悪人を辱めておけば、他の人も同じような行動をとる前に考え直すだろう。

37 Olivia Solon, 'Crazy at the Wheel: Psychopathic CEOs are Rife in Silicon Valley, Experts Say', *Guardian* (15 March 2017). 以下も参照のこと。Karen Landay, Peter, D. Harms and Marcus Credé, 'Shall We Serve the Dark Lords? A Meta-Analytic Review of Psychopathy and Leadership', *Journal of Applied Psychology* (August 2018).

第12章　啓蒙主義が取り違えたもの

1 C. P. Snow, 'Science and Government', The Godkin Lectures (1960).

2 David Hume, 'Of the Independency of Parliament', in Essays, Moral, Political, and Literary (1742, Part 1).

3 Bernard Mandeville の有名な詩を参照のこと。'The Grumbling Hive: Or, Knaves turn'd Honest', *The Fable of The Bees: or, Private Vices, Publick Benefits* (1714).

4 Marshall Sahlins, *The Western Illusion of Human Nature* (Chicago,2008), pp. 72–6.

5 His Holiness Pope Francis, 'Why the Only Future Worth Building Includes Everyone ', TED Talks (April 2017).

6 Ara Norenzayan, *Big Gods* (Princeton, 2013), p. 75.

7 信じないなら、以下の本が考えを正してくれるだろう。Hans Rosling *Factfulness. Ten*

wealthier drivers cut more at all-way stop intersections? Mechanisms underlying the relationship between social class and unethical behavior' (University of California, San Diego, 2013). And Beth Morling et al., 'Car Status and Stopping for Pedestrians (#192)', *Psych File Drawer* (2 June 2014).

10 Keltner, *The Power Paradox*, pp. 99–136.

11 Jeremy Hogeveen, Michael Inzlicht and Suhkvinder S. Obhi, 'Power Changes How the Brain Responds to Others', *Journal of Experimental Psychology,* Vol. 143, Issue 2 (2014).

12 Jerry Useem, 'Power Causes Brain Damage', *The Atlantic* (July/ August 2017).

13 例えば以下を参照。M. Ena Inesi et al., 'How Power Corrupts Relationships: Cynical Attributions for Others' Generous Acts', *Journal of Experimental Social Psychology*, Vol. 48, Issue 4 (2012), pp. 795–803.

14 Keltner, *The Power Paradox*, pp. 137–58.

15 Varun Warrier et al., 'Genome-Wide Analyses of Self-Reported Empathy: Correlations with Autism, Schizophrenia, and Anorexia Nervosa', *Nature, Translational Psychiatry* (12 March 2018).

16 Lord Acton, 'Letter to Bishop Mandell Creighton' (5 April 1887), published in J. N. Figgis and R. V. Laurence (eds), *Historical Essays and Studies* (London, 1907).

17 Frans de Waal, *Chimpanzee Politics. Power and Sex Among Apes* (Baltimore, 2007), p. 4. Originally published in 1982.

18 Frans de Waal and Frans Lanting, *Bonobo. The Forgotten Ape* (Berkeley, 1997).

19 Natalie Angier, 'In the Bonobo World, Female Camaraderie Prevails', *New York Times* (10 September 2016).

20 Frans de Waal, 'Sex as an Alternative to Aggression in the Bonobo', in Paul R. Abramson and Steven D. Pinkerton, *Sexual Nature/ Sexual Culture* (Chicago, 1995), p. 37.

21 Christopher Boehm, 'Egalitarian Behavior and Reverse Dominance Hierarchy', *Current Anthropology*, Vol. 34, Issue 3 (1993), p. 233.

22 Christina Starmans, Mark Sheskin and Paul Bloom, 'Why People Prefer Unequal Societies', *Nature Human Behaviour*, Vol. 1, Issue 4 (2017).

23 以下も参照のこと。Rutger Bregman and Jesse Frederik, 'Waarom vuilnismannen meer verdienen dan bankiers', *De Correspondent* (2015).

24 この理論の最も有名な擁護者は、Yuval Noah Harari, in his book *Sapiens* (2011).

25 Robin Dunbar, *How Many Friends Does One Person Need? Dunbar's Number and Other Evolutionary Quirks* (Cambridge, Mass., and London, 2010), p. 26.

26 この理論の最も説得力ある弁護は以下。Ara Norenzayan, *Big Gods* (2013). 以下も参照のこと。Harvey Whitehouse et al., 'Complex Societies Precede Moralizing Gods Throughout World History', *Nature* (20 March 2019) and Edward Slingerland et al., 'Historians Respond to Whitehouse et al. (2019), "Complex Societies Precede Moralizing Gods Throughout World History" ', *PsyArXiv Preprints* (2 May 2019).

Jeremy Adam Smith (eds), *The Compassionate Instinct. The Science of Human Goodness* (New York, 2010), p. 41.

48 Grossman, *On Killing*, p. 178.

49 第一次世界大戦や第二次世界大戦で戦った兵士も、PTSD（心的外傷後ストレス障害）を負ったが、ベトナム戦争は兵士の心に、はるかに深い傷を負わせた。もちろん他の要因もあるが（例えば、ベトナム帰還兵に対する社会の反応は冷たかった）、すべての証拠が示唆するのは、最大の要因は、ベトナムで戦った兵士が殺害を習慣づけられていたことだ。1200名のベトナム帰還兵、2797名のイラク帰還兵、317名の湾岸戦争帰還兵を対象とする近年の3つの研究によると、殺害を習慣づけられ、実際に殺害を行なった兵士は、PTSDの高いリスクにさらされている。以下を参照。Shira Maguen et al., 'The Impact of Reported Direct and Indirect Killing on Mental Health Symptoms in Iraq War Veterans', *Journal of Traumatic Stress*, Vol. 23, Issue 1 (2010); Shira Maguen et al., 'The impact of killing on mental health symptoms in Gulf War veterans', *Psychological Trauma. Theory, Research, Practice, and Policy*, Vol. 3, Issue 1 (2011); and Shira Maguen et al., 'The Impact of Killing in War on Mental Health Symptoms and Related Functioning', *Journal of Traumatic Stress*, Vol. 45, Issue 10 (2009).

50 Frederick L. Coolidge, Felicia L. Davis and Daniel L. Segal, 'Understanding Madmen: A DSM-IV Assessment of Adolf Hitler', *Individual Differences Research*, Vol. 5, Issue 1 (2007).

51 Bond, *The Power of Others*, pp. 94–5.

第11章　権力はいかにして腐敗するか

1 以下で言及されている。Miles J. Unger, *Machiavelli. A Biography* (London, 2011), p. 8.

2 Niccolò Machiavelli, *The Prince*, translated by James B. Atkinson (Cambridge, Mass., 2008), p. 271. Originally published in 1532.

3 Machiavelli, *The Discourses*. 上記に引用。p. 280.

4 Dacher Keltner, *The Power Paradox. How We Gain and Lose Influence* (New York, 2016), pp. 41–9.

5 Melissa Dahl, 'Powerful People Are Messier Eaters, Maybe', *The Cut* (13 January 2015).

6 概要については以下を参照。Aleksandra Cislak et al., 'Power Corrupts, but Control Does Not: What Stands Behind the Effects of Holding High Positions', *Personality and Social Psychology Bulletin*, Vol. 44, Issue 6 (2018), p. 945.

7 Paul K. Piff et al., 'Higher Social Class Predicts Increased Unethical Behaviour', *Proceedings of the National Academy of Sciences*, Vol. 109, Issue 11 (2012), pp. 4086–91.

8 Benjamin Preston, 'The Rich Drive Differently, a Study Suggests', *New York Times* (12 August 2013).

9 以下を参照のこと。Jeremy K. Boyd, Katherine Huynh and Bonnie Tong, 'Do

33 以下も参照のこと。Hejing Zhang et al., 'Oxytocin Promotes Coordinated Out- group Attack During Intergroup Conflict in Humans', *eLife* (25 January 2019).

34 こう考えるのはわたしだけではないようだ。以下を参照のこと。Elijah Wolfson, 'Why We Cry on Planes', *The Atlantic* (2 October 2013).

35 Paul Bloom, *Against Empathy. The Case for Rational Compassion* (New York, 2016), p. 15.

36 C.Daniel Batson, 'Immorality from Empathy-induced Altruism: When Compassion and Justice Conflict,' *Journal of Personality and Social Psychology*, Vol. 68, Issue 6 (1995).

37 Michael N. Stagnaro and Paul Bloom, 'The Paradoxical Effect of Empathy on the Willingness to Punish', Yale University, unpublished manuscript (2016). 以下も参照のこと。Bloom, *Against Empathy*, p. 195.

38 心理学者はこれを「道徳のギャップ」と呼ぶ。それは、自分や自分の大切な人がこうむる損害を、自分が他者に及ぼす損害よりはるかに悪いと認知する傾向だ。愛する人が攻撃されると、わたしたちは大いに動揺し、報復しようとする。その報復をわたしたちは正当と見なすが、他者からの報復は、不当と見なし、さらなる反撃をしようとする。(こうしてエスカレートする口喧嘩を読者は経験したことがあるかもしれない。道徳のギャップは、イスラエルとパレスチナの数十年におよぶ流血の惨事を理解する上でも役にたつ。多くの人は共感の欠如を非難するが、わたしは、中東では共感のしすぎが問題なのだと思うにいたった)

39 George Orwell, 'Looking Back on the Spanish War' (August 1942).

40 Grossman, *On Killing*, p. 122.

41 上記に引用。p. 126.

42 John Ellis, *The World War II Databook. The Essential Facts and Figures for All the Combatants* (London, 1993), Table 57, p. 257.

43 では、ツチ族と穏健派フツ族合わせて80万人が虐殺された1994年のルワンダ虐殺についてはどうだろう。西洋では、それを根拠に、だから人間は血に飢えた「怪物」なのだと主張されるが、それは主に、同国の歴史をわたしたちがあまりにも知らないせいだ。最近では、ある歴史家が次のように記している。「ルワンダ市民の大量虐殺は、政府官僚がマスコミとプロパガンダと文民政治と兵站という現代的な手段を用いて、注意深く準備し遂行した組織的行動だったという、明白な証拠がある」。実際の殺害は少数によって行われ、フツ族の約97パーセントは関与しなかった。以下を参照。Abram de Swaan, *The Killing Compartments. The Mentality of Mass Murder* (New Haven and London, 2015), p. 90.

44 Łukasz Kamieński, *Shooting Up. A Short History of Drugs and War* (Oxford, 2016).

45 Lee, *Up Close and Personal*, p. 27.

46 狙撃手は往々にして、生来、人を殺すことに嫌悪を感じない社会病質者で、兵士の1パーセントから2パーセントにすぎない。以下を参照。Susan Neiman, *Moral Clarity. A Guide for Grown-Up Idealists* (Princeton, 2008), p. 372.

47 Dave Grossman, 'Hope on the Battlefield', in Dacher Keltner, Jason Marsh and

16 Deborah Schurman-Kauflin, 'Profiling Terrorist Leaders. Common Characteristics of Terror Leaders', *Psychology Today* (31 October 2013).

17 Aya Batrawy, Paisley Dodds and Lori Hinnant, 'Leaked Isis Documents Reveal Recruits Have Poor Grasp of Islamic Faith', *Independent* (16 August 2016).

18 上記に引用。

19 J. Kiley Hamlin, Karen Wynn and Paul Bloom, 'Social Evaluation by Preverbal Infants', *Nature* (22 November 2007).

20 Paul Bloom, *Just Babies. The Origins of Good and Evil* (New York, 2013), p. 28.

21 J. Kiley Hamlin et al., 'Not Like Me = Bad: Infants Prefer Those Who Harm Dissimilar Others', *Psychological Science*, Vol. 24, Issue 4 (2013).

22 カレン・ウィンのこの発言はCNNの以下の番組内でなされた。*Anderson Cooper 360* on 15 February 2014.

23 Bloom, *Just Babies*, pp. 104–5.

24 最初のメタ分析は26の研究をもとに、赤ん坊の善人好みは「経験に基づく確実な発見」であると結論づけた。しかし誰もが納得したわけではない。ハムリンの実験を再現した研究者の一部は同じ効果を確認したが、有意な相関を見出さなかった研究者もいる。以下を参照。Francesco Margoni and Luca Surian, 'Infants' Evaluation of Prosocial and Antisocial Agents: A Meta-Analysis', *Developmental Psychology*, Vol. 54, Issue 8 (2018).

25 Susan Seligson, 'Felix Warneken Is Overturning Assumptions about the Nature of Altruism', *Radcliffe Magazine* (Winter 2015).

26 WarnekenのTEDx TalksはYouTubeで視聴できる(タイトルは、'Need help? Ask a 2-Year-Old')。困っている人を助けようとボールプールからよじ登る子供の感動的な映像が見られる。

27 加えて、ごほうびとして菓子や玩具を与えると、幼児はその後、あまり人助けをしなくなることをWarnekenは発見した。ごほうびが目的ではなかったからだ。(内発的動機づけについては第13章参照)。Felix Warneken and Michael Tomasello, 'Extrinsic Rewards Undermine Altruistic Tendencies in 20-Month-Olds', *Developmenttal Psychology*, Vol. 44, Issue 6 (2008).

28 Stephen G. Bloom, 'Lesson of a Lifetime', *Smithsonian Magazine* (September 2005).

29 上記に引用。

30 上記に引用。

31 Rebecca S. Bigler and Meagan M. Patterson, 'Social Stereotyping and Prejudice in Children. Insights from Novel Group Studies', in Adam Rutland, Drew Nesdale and Christia Spears Brown (eds), *The Wiley Handbook of Group Processes in Children and Adolescents* (Oxford, 2017), pp. 184–202.

32 Yarrow Dunham, Andrew Scott Barron and Susan Carey, 'Consequences of "Minimal" Group Affiliations in Children', *Child Development*, Vol. 82, Issue 3 (2011), p. 808.

Part3　善人が悪人になる理由

1　わかりやすい論考としては以下を参照のこと。Jesse Bering, 'The Fattest Ape: An Evolutionary Tale of Human Obesity', *Scientific American* (2 November 2010).

第10章　共感はいかにして人の目を塞ぐか

1　James Burk, 'Introduction', in James Burk (ed.), *Morris Janowitz. On Social Organization and Social Control* (Chicago, 1991).

2　例えば以下を参照。Martin Van Creveld, *Fighting Power: German and US Army Performance, 1939–1945*, ABC-CLIO (1982).

3　Max Hastings, 'Their Wehrmacht Was Better Than Our Army', *Washington Post* (5 May 1985).

4　以下で言及されている。Edward A. Shils and Morris Janowitz, 'Cohesion and Disintegration in the Wehrmacht in World War II', *Public Opinion Quarterly*, Vol. 12, Issue 2 (1948).

5　同上。p. 281.

6　同上。p. 303.

7　同上。p. 284.

8　Felix Römer, *Comrades. The Wehrmacht from Within* (Oxford, 2019).

9　JanowitzとShilsの最初の論文は、戦後の社会学の最も広く引用される研究の一つとなる。彼らの「第一次集団説」（兵士は仲間のために戦うという説）は社会学者に広く受け入れられているが、二、三、補足がある。一部の研究者は、特に東部戦線などでは、新兵は実際に敵を憎んでいた、と指摘する。また、21世紀の職業軍人に関しては、成功を決定するのは訓練、訓練、また訓練だとする向きもある。それを受けて今日の社会学者は、group cohesion（集団による団結）とtask cohesion（タスクによる団結）を区別する。それが意味するのは、兵士が協力して戦うために、友情は不要ということだ。とはいえ、歴史を振り返れば、大多数の戦争において、兵士たちの結束は戦うために欠かせない要素だった。

10　以下で言及されている。Michael Bond, *The Power of Others. Peer Pressure, Group Think, and How the People Around Us Shape Everything We Do* (London, 2015), pp. 128–9.

11　Amy Chua, *Political Tribes. Group Instinct and the Fate of Nations* (New York, 2018), p. 100.

12　Bond, *The Power of Others*, pp. 94–5.

13　上記に引用。pp. 88–9.

14　Benjamin Wallace-Wells, 'Terrorists in the Family', *New Yorker* (24 March 2016).

15　以下で言及されている。Donato Paolo Mancini and Jon Sindreu, 'Sibling Ties Among Suspected Barcelona Plotters Underline Trend', *Wall Street Journal* (25 August 2017).

著者

ルトガー・ブレグマン　Rutger Bregman

1988年生まれ、オランダ出身の歴史家、ジャーナリスト。ユトレヒト大学、カリフォルニア大学ロサンゼルス校(UCLA)で歴史学を専攻。広告収入に一切頼らない先駆的なジャーナリズムプラットフォーム「デ・コレスポンデント(De Correspondent)」の創立メンバー。邦訳書に『隷属なき道 AIとの競争に勝つ ベーシックインカムと一日三時間労働』（文藝春秋）がある。「人間の本質は善である」とのメッセージが込められた本書は、発売されるなりオランダ本国だけで25万部のベストセラーを記録。世界46カ国で翻訳が決まった。「わたしの人間観を、一新してくれた本」としてユヴァル・ノア・ハラリが推薦し、ニューヨーカーやエコノミストはじめ欧米メディアから絶賛を浴びる。

翻訳

野中香方子　Kyoko Nonaka

翻訳家。お茶の水女子大学文教育学部卒業。 主な訳書に『隷属なき道』（ルトガー・ブレグマン）、『137億年の物語』（クリストファー・ロイド）、『ネアンデルタール人は私たちと交配した』（スヴァンテ・ペーボ）（以上、文藝春秋）、『エピジェネティクス　操られる遺伝子』（リチャード・フランシス、ダイヤモンド社）、『Chain 2049』（マイケル・ピルズベリー、日経BP社）、『監視資本主義』（ショシャナ・ズボフ、東洋経済新報社）などがある。

DTP制作　エヴリ・シンク
カバー写真　©高砂淳二　『PLANET OF WATER』
（日経ナショナル ジオグラフィック社）より

Japanese translation rights arranged with
Janklow & Nesbit (UK) Ltd.
through Japan UNI Agency, Inc., Tokyo

Infographics by Momkai

Humankind《ヒューマンカインド》 希望《きぼう》の歴史《れきし》（下）
人類《じんるい》が善《よ》き未来《みらい》をつくるための18章《しょう》

2021年 7 月30日　第1刷発行
2023年 6 月20日　第5刷発行
著　者　ルトガー・ブレグマン
訳　者　野中香方子《のなかきょうこ》
発行者　大沼貴之
発行所　株式会社文藝春秋
〒102-8008 東京都千代田区紀尾井町3-23
電話　03(3265)1211
印刷所　精興社
製本所　加藤製本

ISBN978-4-16-391408-4
Printed in Japan